普通高等学校
专升本考试
快速通关丛书

思维导图速记
计算机基础

彦祖 著

人民邮电出版社
北京

图书在版编目（CIP）数据

思维导图速记. 计算机基础 / 彦祖著. -- 北京：人民邮电出版社，2023.1
（普通高等学校专升本考试快速通关丛书）
ISBN 978-7-115-60013-4

Ⅰ. ①思… Ⅱ. ①彦… Ⅲ. ①电子计算机－成人高等教育－升学参考资料 Ⅳ. ①G724.4

中国版本图书馆CIP数据核字(2022)第167802号

内 容 提 要

本书面向普通高等教育专科升本科（以下简称专升本）考试的"计算机基础"科目，旨在提高考生的备考效率。

本书依据专升本"计算机基础"科目的考试要求，用 162 幅思维导图将计算机基础考试大纲中考查的知识点进行归纳、整理，以图解的方式帮助考生快速记忆并掌握历年考试中的高频考点，包括信息与信息技术的概念，计算机的概念、发展、特点、分类及应用，计算机中数据的表示、存储与处理，计算机系统的组成、主要性能指标，Windows 7 操作系统，字处理软件 Word 2010，电子表格软件 Excel 2010，演示文稿软件 PowerPoint 2010，计算机网络，多媒体技术，信息安全基础，数据库系统，数据库软件 Access 2010 等内容。

本书适合参加专升本"计算机基础"科目考试的考生阅读，尤其适合四川、江西、山东、重庆、辽宁、天津、内蒙古等地的专升本考生备考复习。

◆ 著　　彦　祖
　　责任编辑　牟桂玲
　　责任印制　胡　南

◆ 人民邮电出版社出版发行　北京市丰台区成寿寺路 11 号
　　邮编　100164　电子邮件　315@ptpress.com.cn
　　网址　https://www.ptpress.com.cn
　　涿州市般润文化传播有限公司印刷

◆ 开本：787×1092　1/16
　　印张：11　　　　　　　　　　2023 年 1 月第 1 版
　　字数：263 千字　　　　　　　2025 年 3 月河北第 10 次印刷

定价：49.90 元

读者服务热线：(010)81055410　印装质量热线：(010)81055316
反盗版热线：(010)81055315

作者的话

近三年，"确认键教育"的"计算机基础"课程是使用思维导图形式的讲义进行授课的。最早的授课是使用 PPT 课件，但在授课的过程中发现很多问题。例如，很难用 PPT 将知识体系结构进行系统梳理，当前知识点和前后知识点的关系容易被翻页动作给掩盖；PPT 中容纳的文字有限，对于重难知识点，只能是标题形式的描述或概要叙述，不便于考生理解和记录笔记，而且老师也容易进入"念 PPT"的尴尬处境。所以我们在后来的授课中完全摒弃了 PPT 讲义，而是使用思维导图讲义，帮助考生建立系统的计算机基础知识结构。事实证明，考生还是比较喜欢这种授课方式的。

彦祖倡导一种新的备考方法论：思维导图（知识结构＋真题标注＋习题）＋问答笔记（Q&A 笔记）。思维导图可作为一个重要的备考工具。利用思维导图梳理知识体系结构的过程，就像是培育一棵小树苗，栽种、浇水、施肥、打理，直到这棵树枝繁叶茂，考生在考场上才能一往无前，见招拆招。例如，当看到一道 IP 地址的题时，考生就能快速断定它是"计算机基础"这棵大树上的哪个分支的果实，并且相关的知识点在一瞬间就能自然而然地被串联起来，如 IP 地址分哪 5 类，每类的划分方法，IP 地址的合法性，哪些 IP 地址不能分配给用户使用，IP 地址与子网掩码的关系，等等。知识点是"死"的，利用思维导图把它们聚在一起，使其"活泛"起来，相互之间建立关系，这样考生就能更快速、更高效地记住、记牢，考试中就能有的放矢，轻松拿分。

我们第一版思维导图讲义的版面同 A3 纸大小。但由于思维导图的主干和分支非常多，打印到一般开本的纸上时，字会看不清楚，打印到大开本的纸上又不便于翻阅和携带。因此我们采用了折中的办法，没有展现出思维导图全部的分支，而是让考生根据主干去完善。但是很多考生反映完善思维导图很花时间，尤其是备考时间紧张的考生，根本来不及完善知识点。所以本书给出的这版思维导图，其知识体系结构更加完整、合理，知识脉络更加清晰，知识点更加全面，这样考生复习起来所有的知识点都能一目了然。把这套思维导图翻一遍，相当于把考试大纲要求的知识点在脑海中过一遍，对知识点也有了更深刻的印象和理解。

目前，我们的思维导图讲义迭代到了 4.0 版本，这是互联网时代应有的速度，也是"确认键教育"追求更好的备考服务应有的态度。思维导图 4.0 版针对新考情，完善了知识点，并根据多方收集的反馈意见进行了重新设计和排版，相信大家会更喜欢！

与本书内容同步的在线专升本计算机基础课程可通过关注微信公众号"确认键课堂"来观看。感兴趣的考生，可先扫描下方的二维码，免费试听在线课程效果。本书与在线课程的完美结合，可为考生备考提供实实在在的帮助。

彦祖
"确认键教育"品牌创始人、"计算机基础"课程主讲

目　录

1. 信息与信息技术 …………………………………… 001
2. 计算机的概念与起源 ……………………………… 002
3. 计算机历史人物 …………………………………… 003
4. 计算机的发展历程 ………………………………… 004
5. 计算机的特点及分类 ……………………………… 005
6. 计算机应用领域及发展趋势 ……………………… 006
7. 计算机中的进制 …………………………………… 007
8. 二进制运算及进制转换 …………………………… 008
9. 计算机中数据存储的单位 ………………………… 009
10. 数值在计算机中的表示——整数 ………………… 010
11. 数值在计算机中的表示——小数和 BCD 码 …… 011
12. 西文字符在计算机中的表示——ASCII 码 ……… 012
13. 中文字符在计算机中的表示——输入码、机内码 …… 013
14. 中文字符在计算机中的表示——交换码 ………… 014
15. 中文字符在计算机中的表示——输出码 ………… 015
16. 图像信息在计算机中的表示 ……………………… 016
17. 音频信息在计算机中的表示 ……………………… 017
18. 视频信息在计算机中的表示 ……………………… 018
19. 指令及计算机工作原理 …………………………… 019
20. 流水线及多核技术 ………………………………… 020
21. 计算机硬件系统组成 ……………………………… 021
22. 存储器 ……………………………………………… 022
23. 计算机软件系统 …………………………………… 023
24. 微机的分类及性能指标 …………………………… 024
25. 常见的微机硬件设备 ……………………………… 025
26. 微机的硬件系统 1 ………………………………… 026
27. 微机的硬件系统 2 ………………………………… 027
28. 常用的总线标准 …………………………………… 028
29. 计算思维 …………………………………………… 029
30. 算法的概念及特征 ………………………………… 030
31. 算法的衡量标准及描述方式 ……………………… 031
32. 程序的基本结构 …………………………………… 032
33. 程序流程表达 ……………………………………… 033
34. 程序设计方法 ……………………………………… 034

35. 操作系统的概念和功能 …… 035	57. Windows 7 作业管理 …… 057
36. 操作系统的分类 …… 036	58. Windows 7 存储管理 …… 058
37. 常见的操作系统 …… 037	59. Word 2010 基础知识 …… 059
38. Windows 7 和鼠标 …… 038	60. Word 2010 窗口组成 …… 060
39. Windows 7 键盘按键 …… 039	61. Word 2010 的"开始"选项卡 …… 061
40. Windows 7 快捷键 …… 040	62. Word 2010 的"插入"选项卡 …… 062
41. Windows 7 配置、启动与关闭 …… 041	63. Word 2010 的"页面布局"选项卡 …… 063
42. Windows 7 桌面 …… 042	64. Word 2010 的"引用""邮件""审阅""视图"选项卡 …… 064
43. Windows 7 个性化桌面设置 …… 043	65. Word 2010 的文档视图 …… 065
44. Windows 7 窗口 …… 044	66. Word 2010 文档的创建和打开 …… 066
45. Windows 7 窗口的基本操作 …… 045	67. Word 2010 文档的输入、审阅、保存和关闭 …… 067
46. Windows 7 对话框 …… 046	68. Word 2010 文本的选中方式 …… 068
47. Windows 7 控制面板的定义和打开方式 …… 047	69. Word 2010 文档的编辑方式 …… 069
48. Windows 7 控制面板的选项设置 …… 048	70. Word 2010 格式化文档 …… 070
49. Windows 7 自带工具 …… 049	71. Word 2010 设置段落格式 1 …… 071
50. Windows 7 文件系统 …… 050	72. Word 2010 设置段落格式 2 …… 072
51. Windows 文件与文件夹 …… 051	73. Word 2010 页面排版 …… 073
52. Windows 资源管理器与快捷方式 …… 052	74. Word 2010 快捷键 1 …… 074
53. Windows 文件与文件夹的管理 1 …… 053	75. Word 2010 快捷键 2 …… 075
54. Windows 文件与文件夹的管理 2 …… 054	76. Word 2010 表格的创建和选择 …… 076
55. Windows 文件与文件夹的管理 3 …… 055	77. Word 2010 编辑表格 …… 077
56. Windows 7 设备管理 …… 056	78. Word 2010 格式化表格 …… 078

79. Word 2010 表格数据的计算与排序	079
80. Word 2010 插入图片	080
81. Word 2010 图文混排 1	081
82. Word 2010 插入混排 2	082
83. Word 2010 高级应用	083
84. Word 2010 文档的保护和打印	084
85. Excel 2010 窗口组成	085
86. Excel 2010 工作簿与工作表	086
87. Excel 2010 单元格区域管理	087
88. Excel 2010 工作表管理 1	088
89. Excel 2010 工作表管理 2	089
90. Excel 2010 单元格输入数据 1	090
91. Excel 2010 单元格输入数据 2	091
92. Excel 2010 自动填充数据	092
93. Excel 2010 编辑单元格数据	093
94. Excel 2010 行、列、单元格管理	094
95. Excel 2010 格式化工作表	095
96. Excel 2010 公式	096
97. Excel 2010 函数 1	097
98. Excel 2010 函数 2	098
99. Excel 2010 单元格引用及常见错误提示	099
100. Excel 2010 函数引用及混合运算	100
101. Excel 2010 数据的排序和筛选	101
102. Excel 2010 分类汇总和数据透视表	102
103. Excel 2010 合并计算和模拟分析	103
104. Excel 2010 图表	104
105. Excel 2010 打印	105
106. Excel 2010 快捷键	106
107. PowerPoint 2010 基础知识	107
108. PowerPoint 2010 演示文稿的创建与保存	108
109. PowerPoint 2010 演示文稿视图 1	109
110. PowerPoint 2010 演示文稿视图 2	110
111. PowerPoint 2010 新建和编辑幻灯片	111
112. PowerPoint 2010 幻灯片设计	112
113. PowerPoint 2010 幻灯片外观的修饰	113
114. PowerPoint 2010 动画、切换、超链接和动作	114
115. PowerPoint 2010 演示文稿的放映	115
116. PowerPoint 2010 演示文稿的打印	116
117. PowerPoint 2010 快捷键	117
118. 计算机网络的概念及组成	118
119. 计算机网络的分类 1	119
120. 计算机网络的分类 2	120
121. 计算机网络的性能指标及功能	121
122. 计算机网络体系结构——OSI 参考模型	122

123. 计算机网络体系结构——TCP/IP ……… 123
124. Internet 基础知识 ……… 124
125. Internet 的组成 ……… 125
126. Internet 的传输介质和接入设备 ……… 126
127. 接入 Internet 的常用方式 ……… 127
128. IP 地址 ……… 128
129. IP 地址分类 ……… 129
130. 子网掩码 ……… 130
131. 域名 ……… 131
132. Internet 主要服务 1 ……… 132
133. Internet 主要服务 2 ……… 133
134. 网页基础知识 ……… 134
135. HTML 网页结构 ……… 135
136. 常用的 HTML 标签 ……… 136
137. 多媒体的基本概念 ……… 137
138. 多媒体技术基础知识 ……… 138
139. 常用的多媒体处理软件 1 ……… 139
140. 常用的多媒体处理软件 2 ……… 140
141. 信息安全概述 ……… 141
142. 计算机病毒 ……… 142
143. 常用的信息安全技术 ……… 143
144. Windows 7 操作系统安全 ……… 144
145. 电子商务安全 ……… 145

146. 云计算 ……… 146
147. 大数据 ……… 147
148. 物联网 ……… 148
149. 大数据、云计算、物联网的区别与联系 ……… 149
150. 人工智能 ……… 150
151. 区块链 ……… 151
152. 虚拟现实 ……… 152
153. 数据库概念及发展 ……… 153
154. 数据库系统及设计 ……… 154
155. 数据库模型及关系数据库 ……… 155
156. 传统的集合运算 ……… 156
157. 常考的关系运算 ……… 157
158. Access 2010 数据库对象 ……… 158
159. Access 2010 数据库基本操作 ……… 159
160. Access 2010 创建查询和报表 ……… 160
161. 结构化查询语言 ……… 161
162. 非关系型数据库 ……… 162
附录 1　标准 ASCII 码表 ……… 163
附录 2　常考的 Windows 7 快捷键 ……… 164
附录 3　常考的 Word 2010 快捷键 ……… 165
附录 4　IP 地址分类 ……… 167
附录 5　TCP/IP 协议模型对应的各层协议 ……… 168

1. 信息与信息技术

- **信息**
  - 概念：信息是在自然界、人类社会和人类思维活动中普遍存在的一切物质和事物的属性
    - 香农定义　信息是能够用来消除不确定性的东西
  - 特征：普遍性、时效性、共享性、价值性、载体依附性等

- **数据**
  - 概念：数据是指存储在某种媒体上可以加以鉴别的符号资料
  - 分类：数值型数据和非数值型数据（文字、图像、声音、动画、视频等）

- **信息与数据的关系**
  - 数据是信息的具体表现形式，是信息的载体，而信息是对数据进行加工后得到的结果，信息是数据的逻辑意义
  - 信息的符号化就是数据，数据是信息的具体表现形式
  - 判断题　有信息一定有数据 ✓　　有数据一定有信息 ✗

- **信息技术**
  - 概念：信息技术（Information Technology，IT）是指人们获取、存储、传递、处理、开发和利用信息资源的相关技术
  - 组成：计算机技术（核心）、通信技术（支柱）、微电子技术（基础）、网络技术和传感技术
  - 发展趋势：现代信息技术的发展趋势可概括为数字化、多媒体化、高速度、网络化、宽频带、智能化

- **信息社会**
  - 信息社会也称信息化社会，是继工业化社会以后，以信息活动为社会发展的基本活动的新型社会形态
  - 信息和物质、能量构成世界三大资源，网络成为人们生活的基础条件
  - 信息经济是主导经济形式；信息技术是物质和精神产品生产的技术基础；信息文化改变着人类教育理念和方式，改变着生活、工作和思维模式，改变着道德和价值观念

- **计算机文化**
  - 以计算机为核心，集网络文化、信息文化、多媒体文化于一体，并对社会生活和人类行为产生广泛、深远影响的新型文化
  - 人类文化发展的4个里程碑：语言的产生、文字的使用、印刷术的发明、计算机文化
  - 计算机文化的真正内涵：一个人经过文化教育后所具有的能力由传统的读、写、算上升到一个新的高度——具有计算机信息处理能力

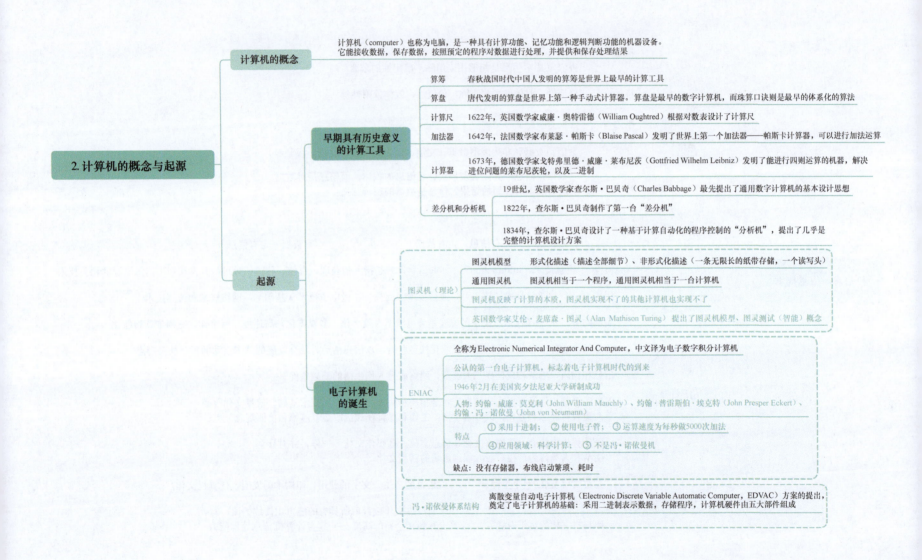

3. 计算机历史人物

- **查尔斯·巴贝奇**：英国数学家，发明了差分机、分析机，被称为计算机之父（实际上是机械计算机之父）

- **戈特弗里德·威廉·莱布尼茨**：德国数学家，发明了解决进位问题的莱布尼茨轮以及二进制

- **乔治·布尔（George Boole）**：英国数学家，提出了布尔运算　　逻辑TRUE对应1，逻辑FALSE对应0

- **克劳德·艾尔伍德·香农（Claude Elwood Shannon）**：
  - 美国数学家，信息论的创始人，被称为信息论之父，提出了符号逻辑和开关理论，以及"信息熵"的概念
  - 信息的定义：信息是能够用来消除不确定性的东西

- **艾伦·麦席森·图灵**：英国数学家，被称为计算机科学之父、人工智能之父
  - 图灵机：
    - 图灵机是由图灵在1936年提出的一种精确的通用计算机模型，能模拟实际计算机的所有计算行为
    - 奠定了可计算理论的基础
  - 图灵测试：图灵测试（Turing test）指在测试者与被测试者（一个人和一台机器）隔开的情况下，通过一些装置（如键盘）向被测试者随意提问。进行多次测试后，如果有超过30%的测试者不能确定被测试者是人还是机器，那么这台机器就通过了测试，并被认为具有人类智能。图灵测试一词来源于图灵在1950年发表的论文《计算机器与智能》，该论文30%的内容是图灵对2000年时的机器思考能力的一个预测
  - 图灵奖：图灵奖（Turing Award）是由美国计算机协会（ACM）于1966年设立的，专门奖励那些对计算机事业作出重要贡献的个人

- **约翰·威廉·莫克利和约翰·普雷斯伯·埃克特**：
  - 1946年2月在美国宾夕法尼亚大学研制出公认的第一台电子计算机ENIAC（采用十进制）
  - 1951年研制出第一台商用计算机UNIVAC-1

- **约翰·冯·诺依曼**：美国（原籍匈牙利）数学家、计算机科学家、物理学家，被称为现代计算机之父
  - 冯·诺依曼体系结构：
    - ❶ 计算机内部采用二进制
    - ❷ 存储程序和程序控制
    - ❸ 计算机硬件由五大部件（运算器、控制器、存储器、输入设备及输出设备）组成
  - EDVAC：第一台采用冯·诺依曼体系结构的计算机

4. 计算机的发展历程

几个第一

第一台电子计算机 ENIAC
- 时间：1946年2月14日
- 地点：美国宾夕法尼亚大学
- 研发者：莫克利、埃克特
- 电子元器件：电子管
- 采用十进制
- 应用领域：科学计算

第一台冯·诺依曼机
- 名称：EDSAC
- 时间：1949年5月6日
- 以EDVAC为蓝本，抢先被制造
- 研发者：英国剑桥大学教授莫里斯·文森特·威尔克斯（Maurice Vincent Wilkes）
- 意义：是世界上第一台实际运行的存储程序式电子计算机

第一台商用电子计算机
- 名称：UNIVAC-1
- 时间：1951年
- 研发者：莫克利和埃克特
- 意义：美国人口普查部门用于人口普查，标志着计算机进入了商业应用时代

中国第一台每秒运算速度达1亿次以上的巨型计算机——银河-Ⅰ　时间：1983年

> 2016年，中国研制成功的"神威·太湖之光"成为世界上第一台运算速度突破10亿亿次/秒的超级计算机
> 2021年世界超级计算机Top4：日本富岳（Fugaku）、美国顶点（Summit）、美国山脊（Sierra）、中国"神威·太湖之光"

计算机的发展历程

年代	名称	元器件	存储器	语言	应用领域
第一代（1946—1956年）	电子管计算机	电子管	水银延迟线、磁鼓	机器语言、汇编语言	军事领域和科学计算
第二代（1956—1964年）	晶体管计算机	晶体管	磁芯、磁盘、磁带	高级程序设计语言	数据处理和事务处理
第三代（1964—1971年）	集成电路计算机	中小规模集成电路	半导体	操作系统和会话式语言	科学计算、数据处理及过程控制
第四代（1971年至今）	超大规模集成电路计算机	大规模、超大规模集成电路	高度集成的半导体	面向对象的程序设计语言	广泛应用到各个领域
新一代计算机	未来计算机	量子、分子、光子			

未来计算机　逻辑元件的革命　量子计算机、分子计算机、生物计算机、超导计算机、光计算机

5.计算机的特点及分类

计算机的特点
- 运算速度快：计算机的运算部件采用的是电子器件，其运算速度不是其他计算工具所能比拟的
- 计算精度高：计算机的计算精度取决于计算机的字长
- 存储容量大：存储性是计算机区别于其他计算工具的重要特征
- 具有逻辑判断能力：除了算术运算，计算机还可以进行逻辑运算
- 工作自动化：程序和数据存储在计算机内，工作时按程序一步步自动完成，自动化程度高
- 通用性强：几乎能求解自然科学和社会科学中所有类型的问题，可应用于各种领域

计算机的分类

根据处理的对象划分
- 模拟计算机：处理模拟数据，速度快但不精确，通用性差　应用于专用仿真设备等
- 数字计算机：处理数字数据，精度高、存储容量大、通用性强
- 混合计算机：处理数字数据和模拟数据　应用于航空航天、导弹系统等

根据计算机的用途划分
- 通用计算机：解决一般问题，适用性强，如科学计算、数据处理和过程控制等
- 专用计算机：
  - 用于解决某一特定方面的问题，配有专门开发的软件和硬件，用于自动化控制、工业仪表和军事等领域
  - 以应用为中心，软件代码小、高度自动化、响应速度快，特别适合对实时性要求高的体系，适用性较差

根据计算机的规模划分
- 巨型机
  - 又称超级计算机，长于数值计算　如"神威·太湖之光"
  - 特点：运算速度快、存储容量大、结构复杂、价格昂贵
  - 应用领域：气象、军事、航空航天等
- 大型机：主要用于金融、证券等大中型企业数据处理或网络服务器
- 小型机：主要用于中小企业、学校等
- 微型机
  - 又称个人计算机（PC）
  - 主要用于办公和家庭，是目前发展最快、应用最广泛的一种计算机
  - 体积小、价格便宜、软件丰富、功能齐全
  - 1971年Intel公司研制出世界上第一块4位微处理器芯片 Intel 4004
- 工作站：具有较强的数据运算及图形图像处理能力，配备多个CPU和高分辨率的大屏幕，主要面向专业应用领域，如工程设计、动画制作、科学研究、软件开发、模拟仿真等

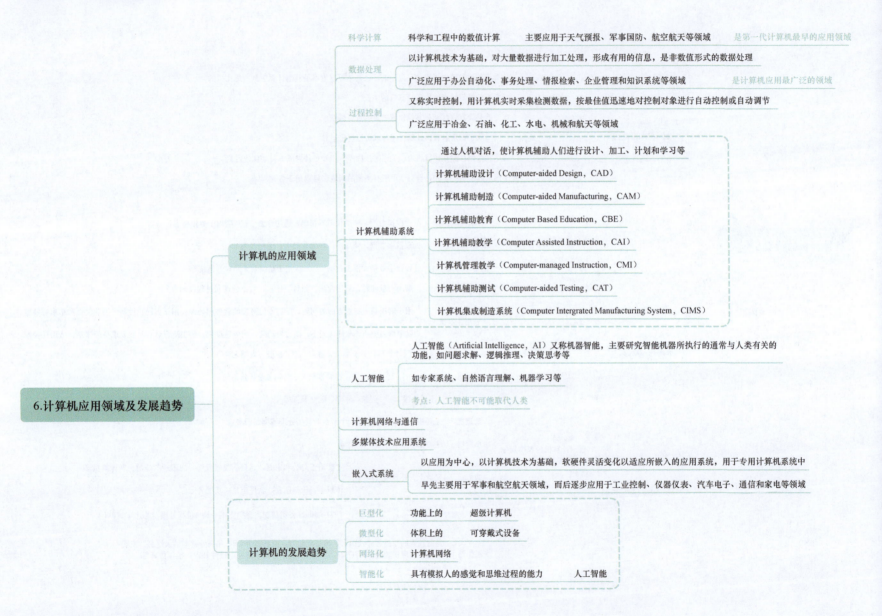

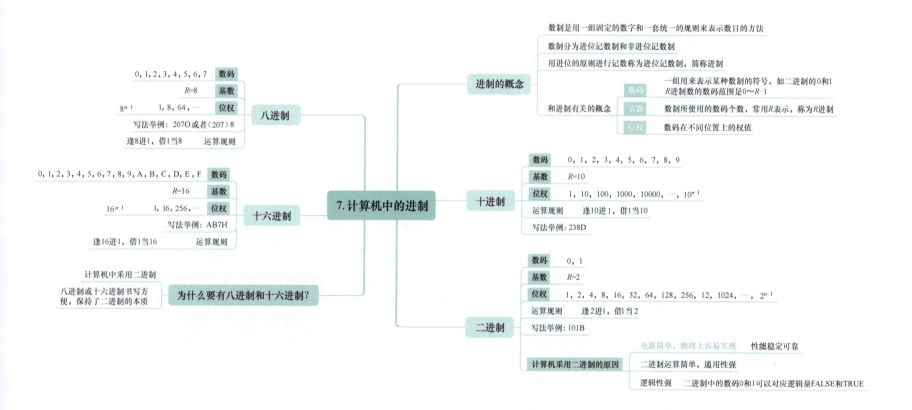

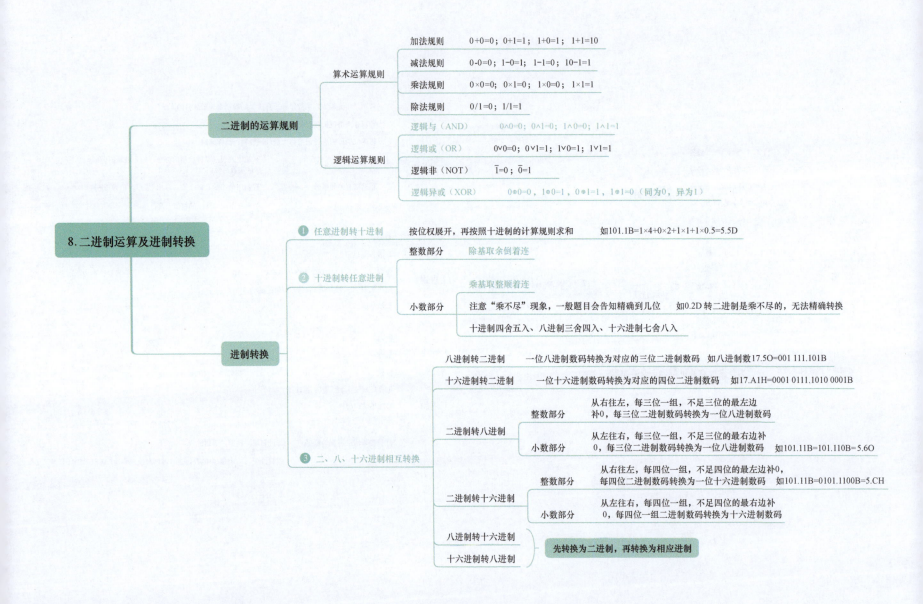

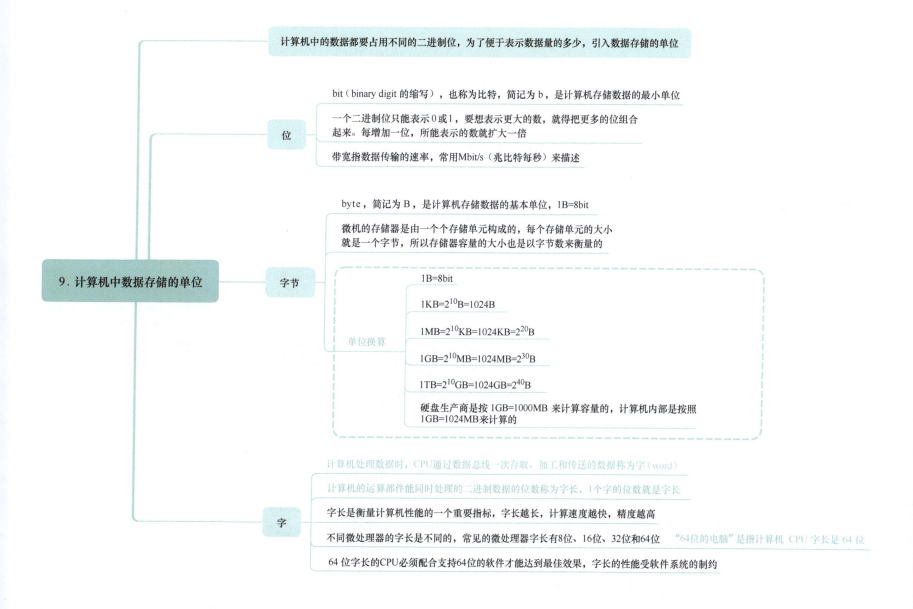

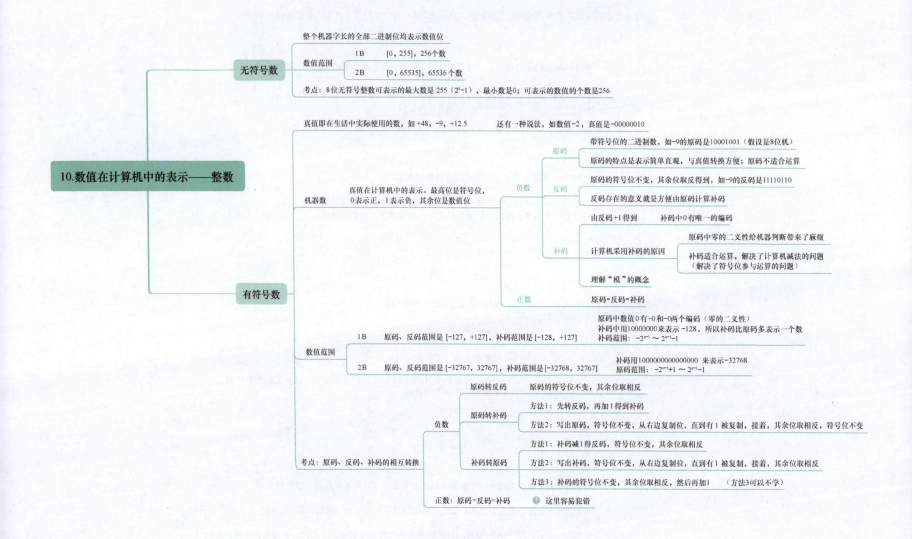

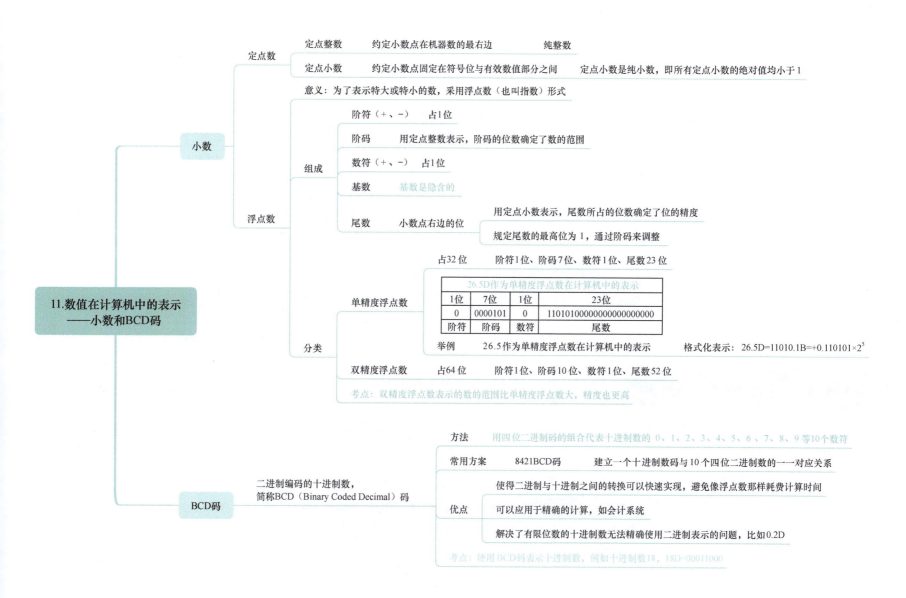

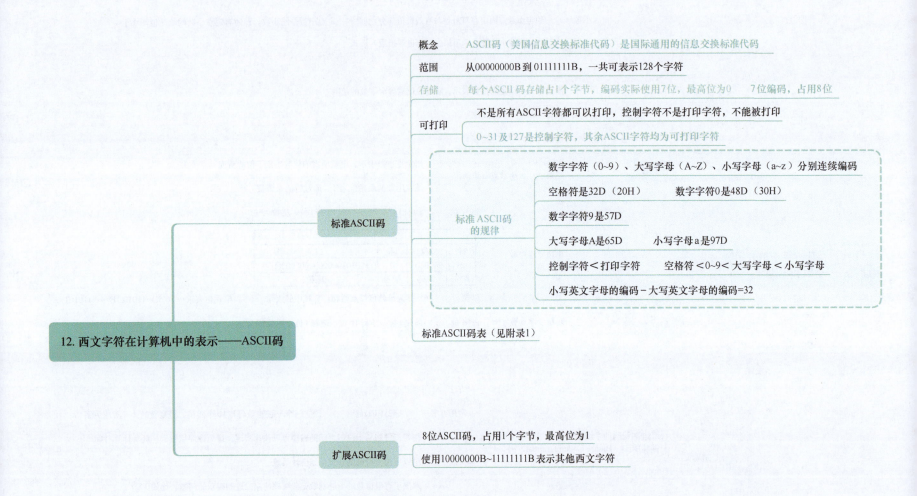

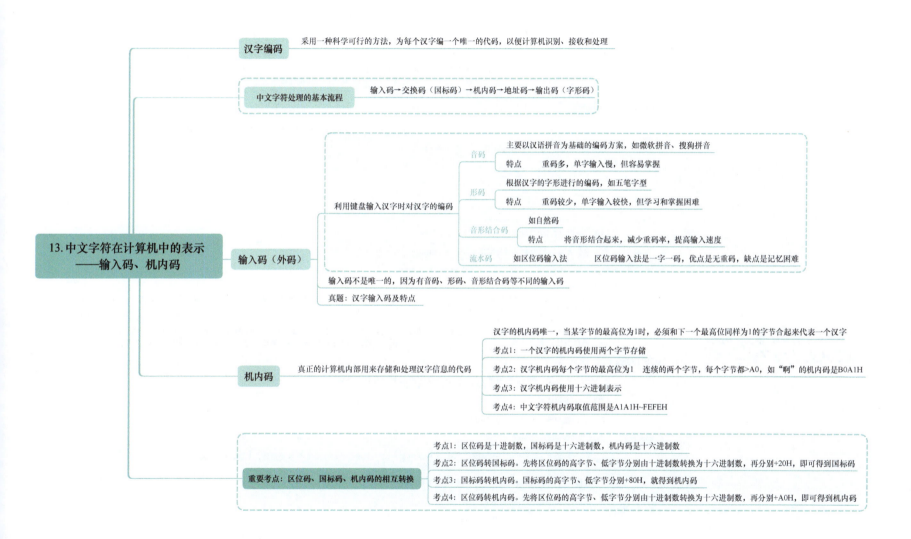

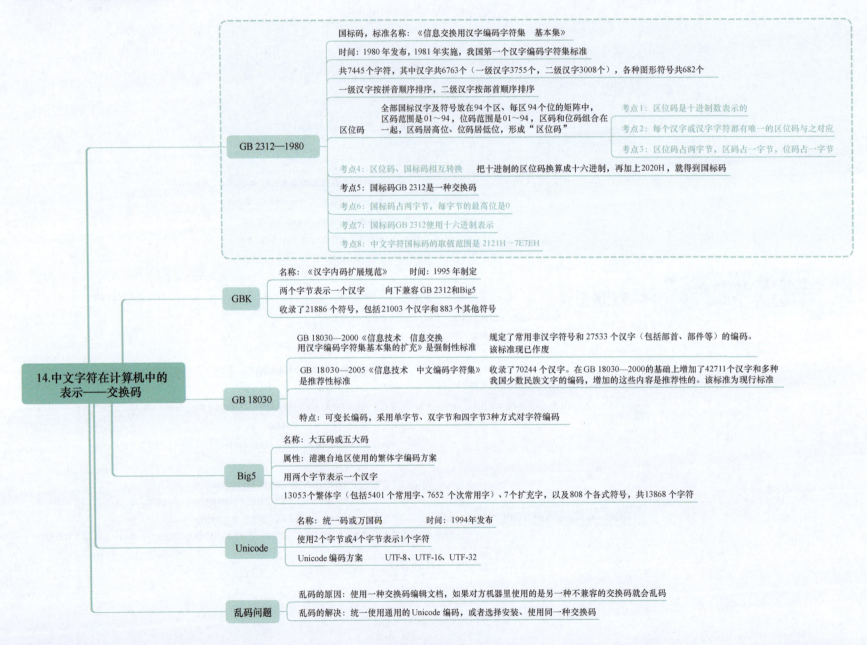

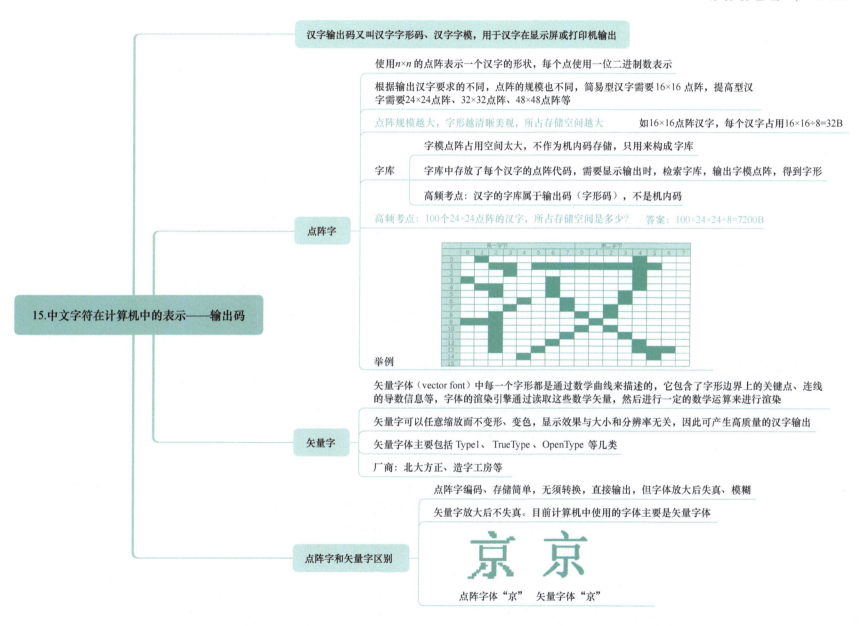

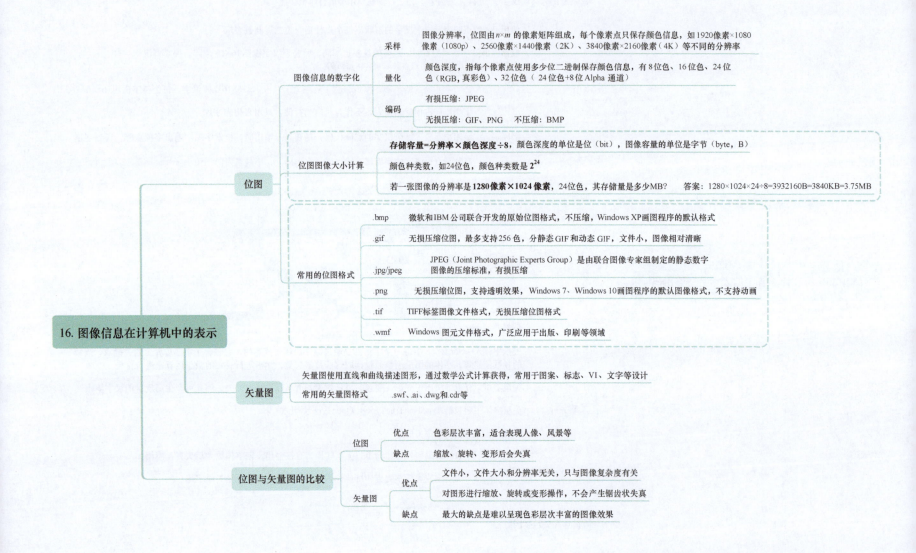

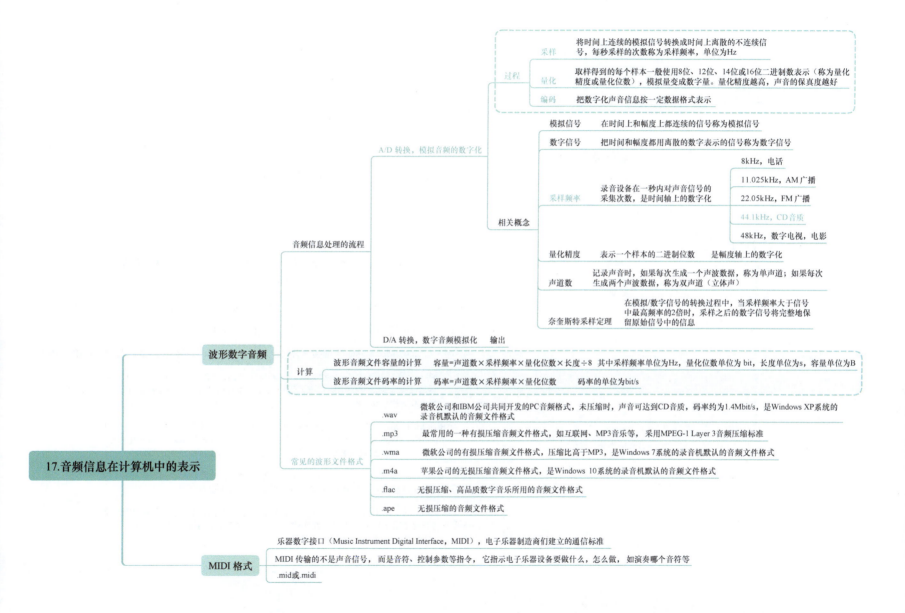

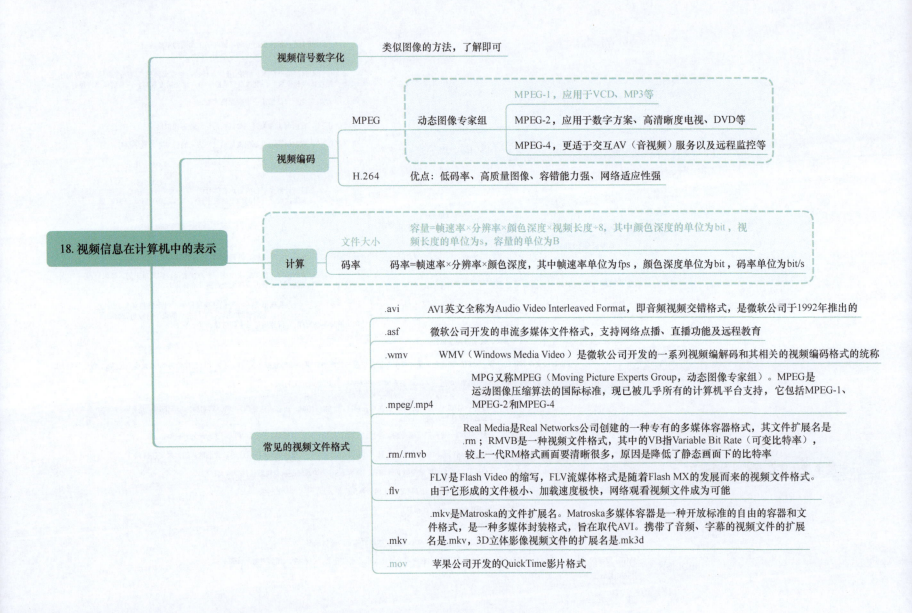

19. 指令及计算机工作原理

指令

- 指令是指示计算机执行某种操作的命令，由一串二进制数码组成
- 指令包括操作码和地址码（或操作数）两部分
  - 操作码规定了操作的类型，即进行什么样的操作
  - 地址码规定了要操作的数据（操作对象）存放在什么地址中，以及操作结果存放到哪个地址中
- 指令系统
  - CPU 所能执行的全部指令的集合称为计算机指令系统
  - 复杂指令集计算机（Complex Instruction Set Computer，CISC）
  - 精简指令集计算机（Reduced Instruction Set Computer，RISC）—— 格式统一，种类少，寻址方式少，处理速度快

计算机工作过程

- 计算机的工作过程
  - 取指令：按照指令计数器的地址从内存储器中取出指令，并送到指令寄存器中
  - 分析指令：对指令寄存器中存放的指令进行分析，确定执行什么操作，并由地址码确定操作数的地址
  - 执行指令：根据分析的结果，由控制器发出完成该操作所需要的一系列控制信息，去完成该指令所要求的操作
- 几乎所有的冯·诺依曼型计算机的CPU，其工作都可以分为5个阶段：取指令、指令译码、执行指令、访存取数、结果写回

存储程序工作原理

- 又称冯·诺依曼原理　基本思想是存储程序与程序控制
- 内容
  - 计算机五大硬件　运算器、控制器、存储器、输入设备、输出设备
  - 计算机内部采用二进制形式存储程序和数据
  - 存储程序　程序和数据以同等地位存放在存储器中，按址寻访
  - 程序控制　计算机运行时能自动地逐一取出程序中的一条条指令，加以分析并执行规定的操作
- 示意图：程序数据 → 输入设备 → 存储器 → 输出设备 → 运行结果；CPU（运算器、控制器）；---→ 控制流　——→ 数据流

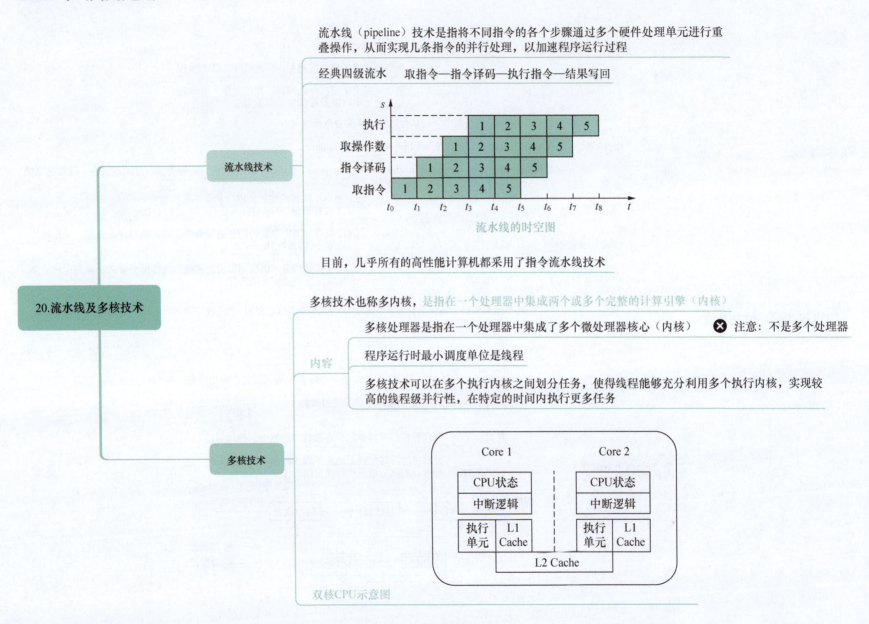

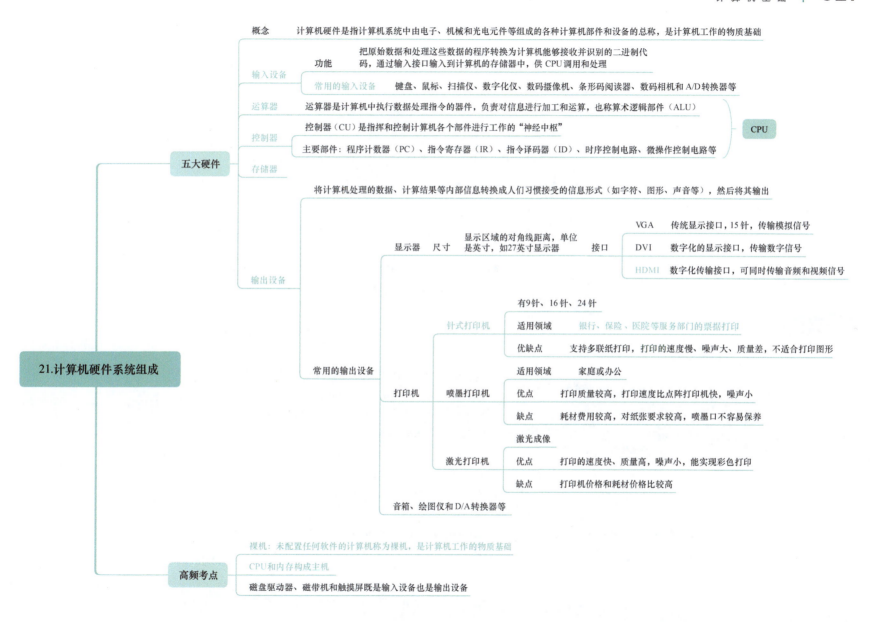

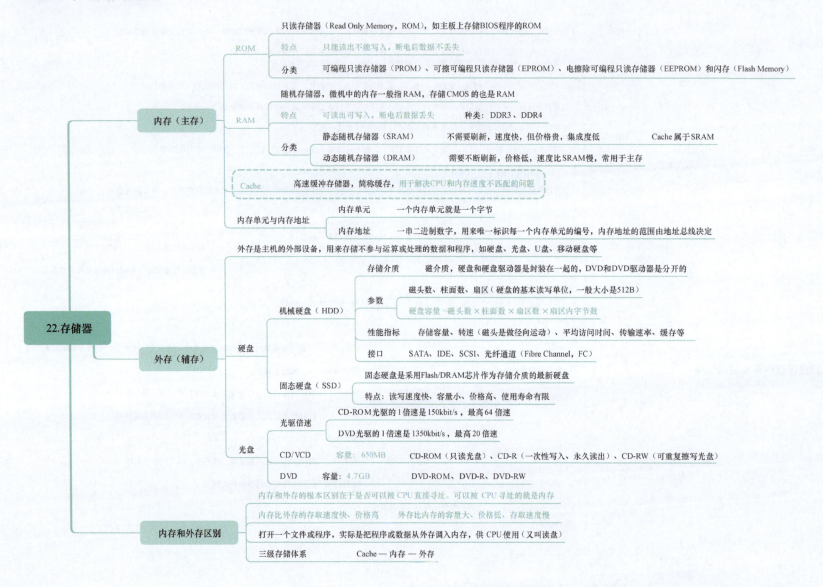

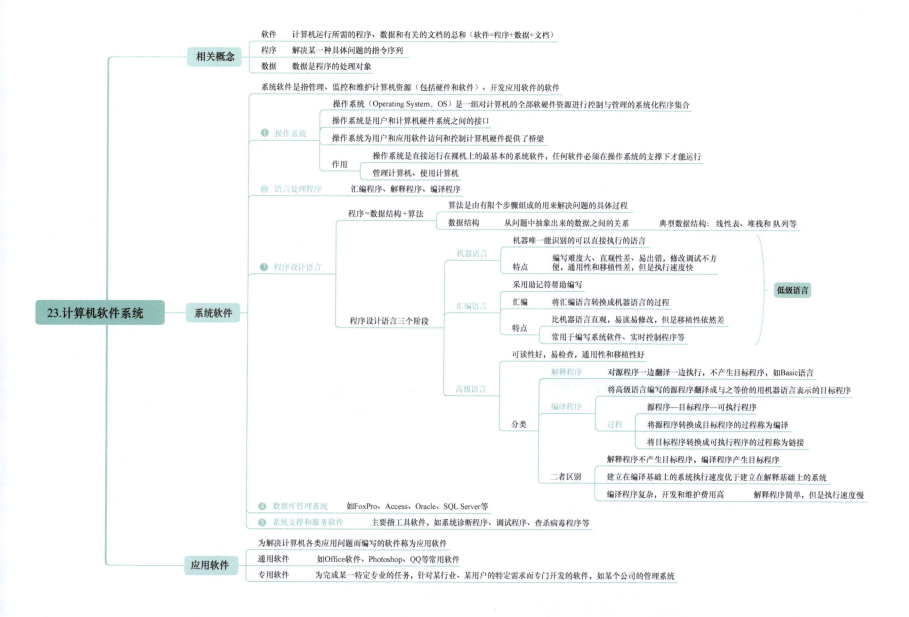

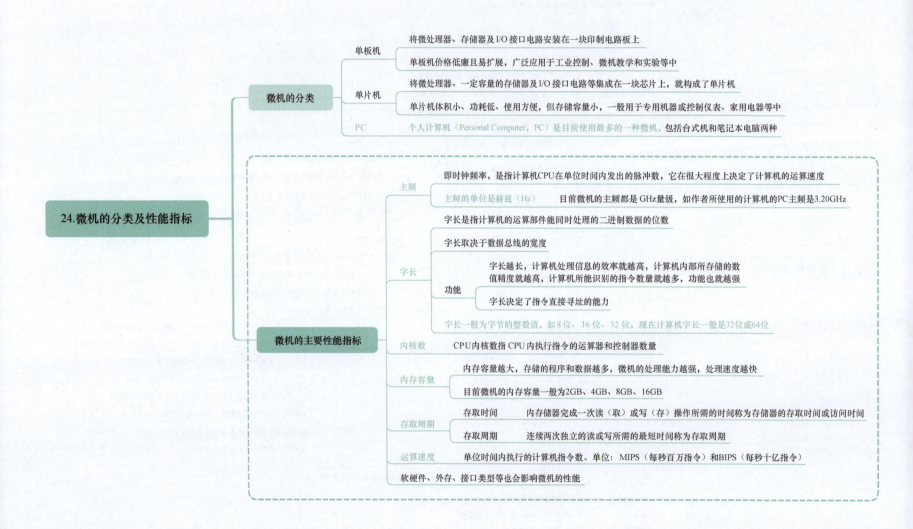

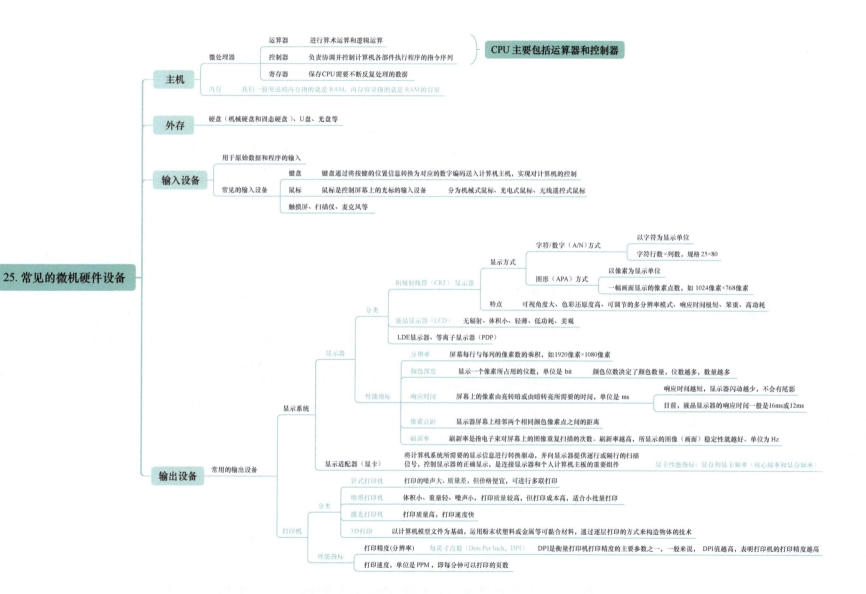

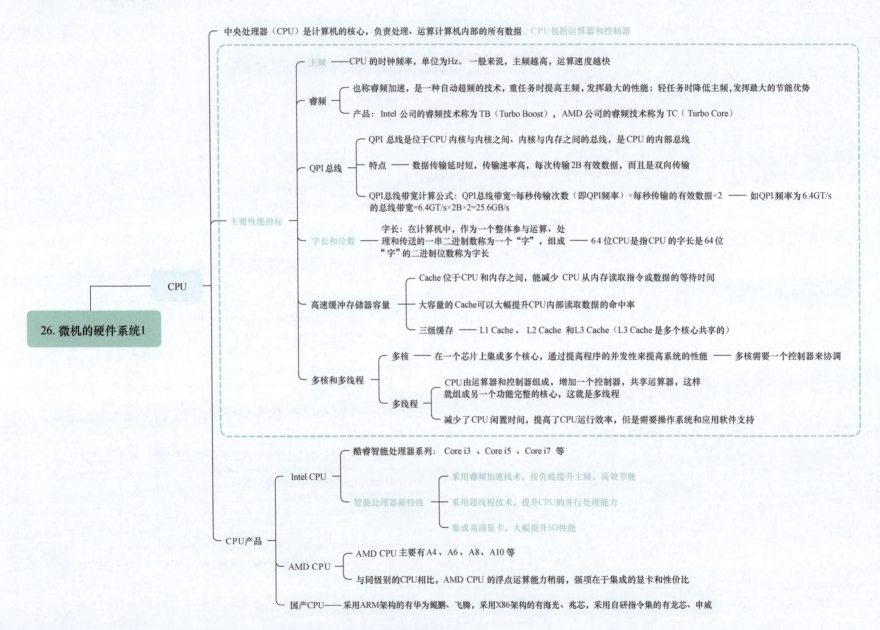

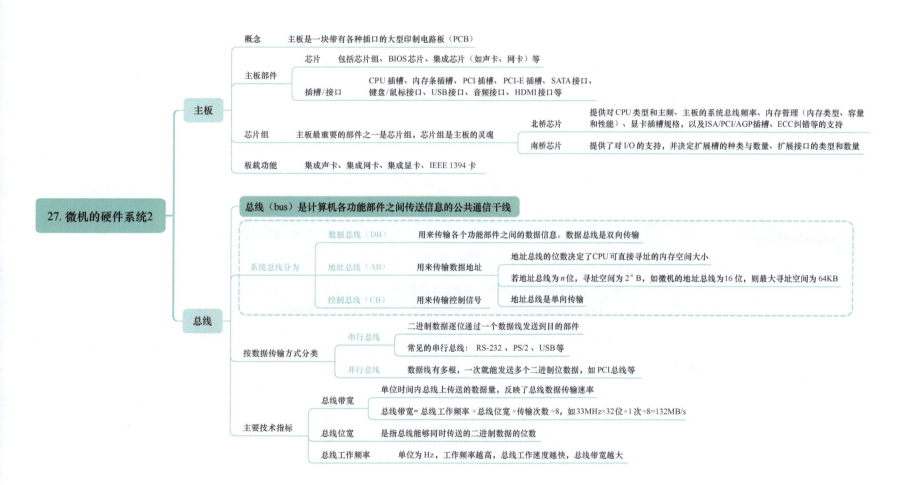

28. 常用的总线标准

- **PCI总线**　　PCI总线与CPU没有直接相连，而是经过桥接芯片组相连　　最大传输速率可达132MB/s，可扩展

- **AGP总线**　　AGP（Accelerated Graphics Port，加速图形端口）总线是显示卡专用的局部总线

- **PCI-Express总线**　　简称PCI-E 总线，是新一代的I/O局部总线标准，用点对点串行连接替代了PCI的并行架构，数据传输速率高、总线带宽独享。点对点连接PCI-E 1.0、2.0和3.0的传输速率分别是250Mbit/s、500Mbit/s和1Gbit/s

- **USB**
  - 通用串行总线（Universal Serial Bus，USB）是一种广泛采用的接口标准
  - 连接外设简单快捷，成本低、速度快，连接设备数量多，广泛应用于计算机、摄像机、数码相机和手机等各种数码设备，以及键盘、鼠标、打印机等　　支持热插拔，即插即用，可以连接多个设备（最多127个）
  - USB 2.0理论上传输速率可达480Mbit/s，USB 3.0理论上传输速率可达5Gbit/s

- **IEEE 1394 接口**
  - 是为了连接多媒体设备而设计的一种高速串行接口标准，传输速率可达400Mbit/s
  - 支持热插拔，可为外设提供电源，能连接多个不同设备，主要应用于数字摄像机、移动硬盘、音响设备等

- **SATA**　　即串行ATA，主要功能是用作主板和大量存储设备（如硬盘及光盘驱动器）之间的数据传输。支持热插拔

- **PS/2**　　鼠标、键盘接口，一般紫色PS/2接口接键盘，绿色PS/2接口接鼠标

- **视频总线**
  - **VGA**
    - VGA是IBM公司在1987 年随PS/2机一起推出的一种使用模拟信号的视频传输标准
    - 分辨率高、显示速率快、颜色丰富等优点，在彩色显示器领域得到了广泛的应用。不支持热插拔，不支持音频传输
  - **DVI**　　数字视频接口（DVI）是一种视频接口标准，设计的目的是用来传输未经压缩的数字化视频。目前广泛应用于LCD、数字投影机等显示设备上
  - **HDMI**
    - 高清多媒体接口（HDMI）是一种全数字化视频和声音发送接口，可以发送未压缩的音频及视频信号
    - HDMI可以同时发送音频和视频信号，由于音频和视频信号采用同一条HDMI线，大大简化了系统线路的安装难度
    - HDMI 可用于机顶盒、DVD 播放机、个人计算机、游戏主机、综合扩大机、数字音响与电视机等设备

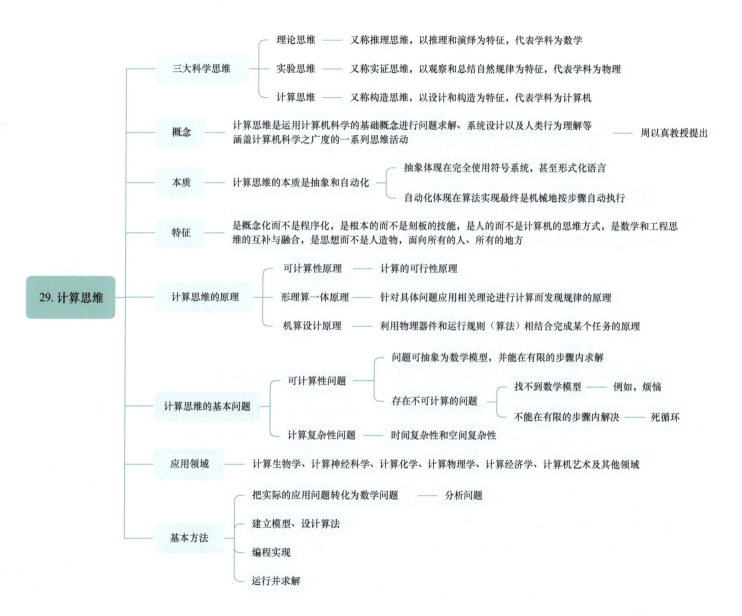

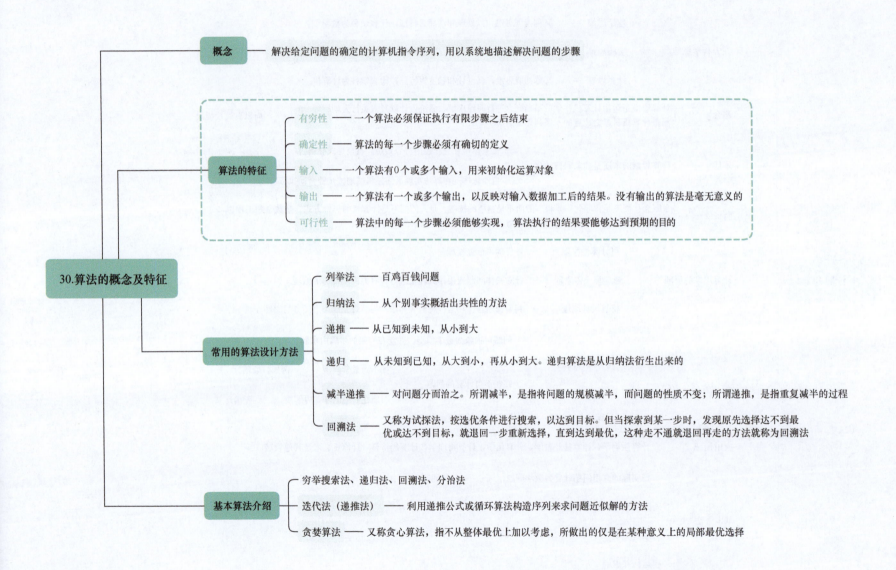

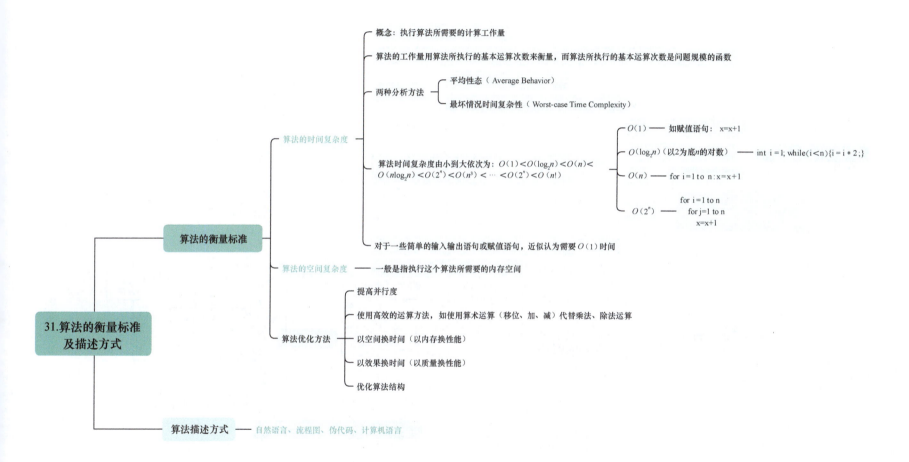

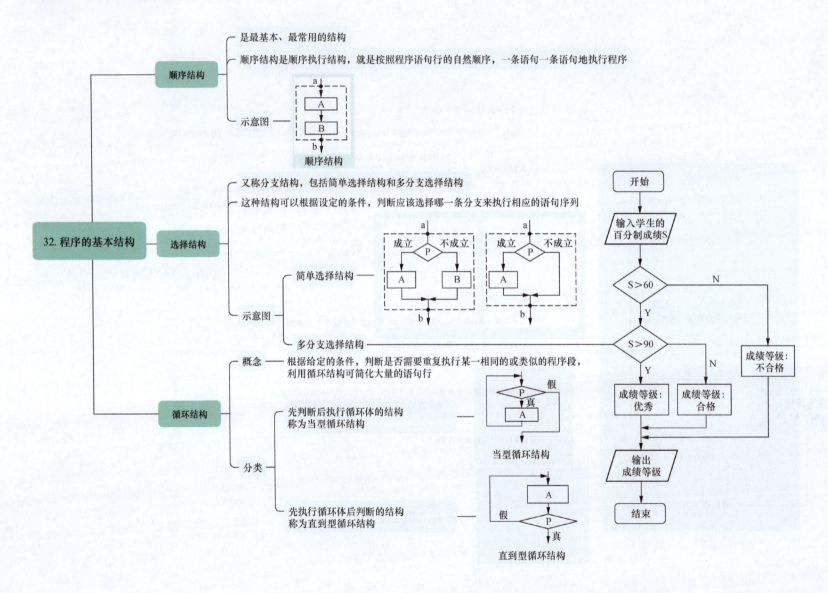

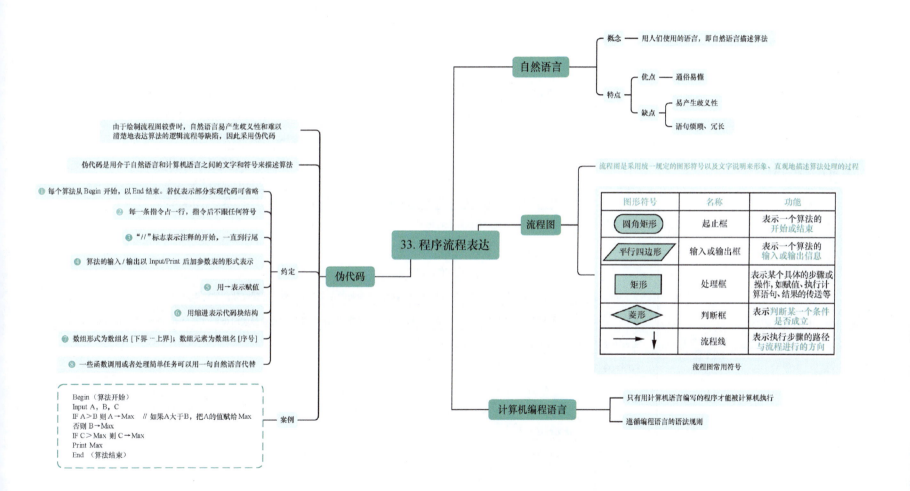

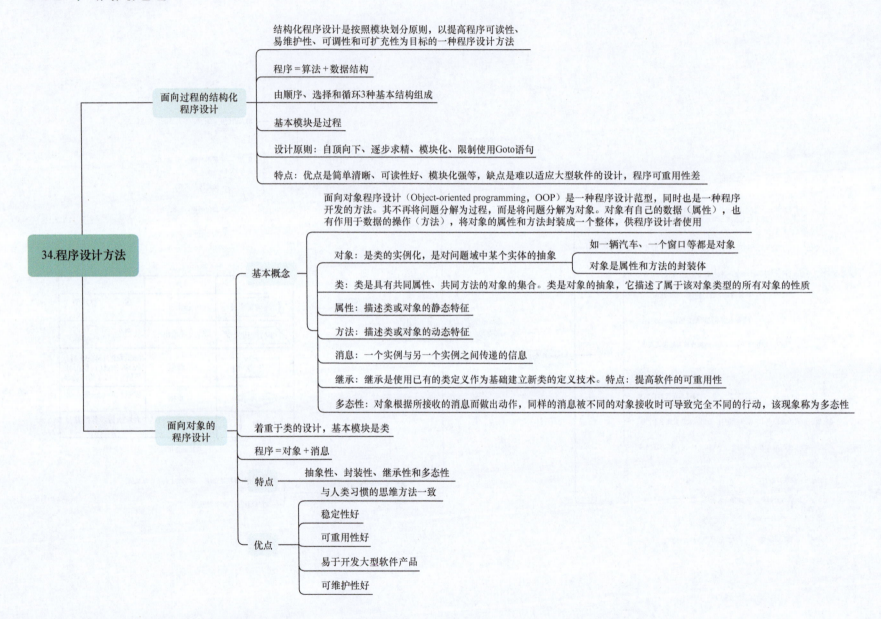

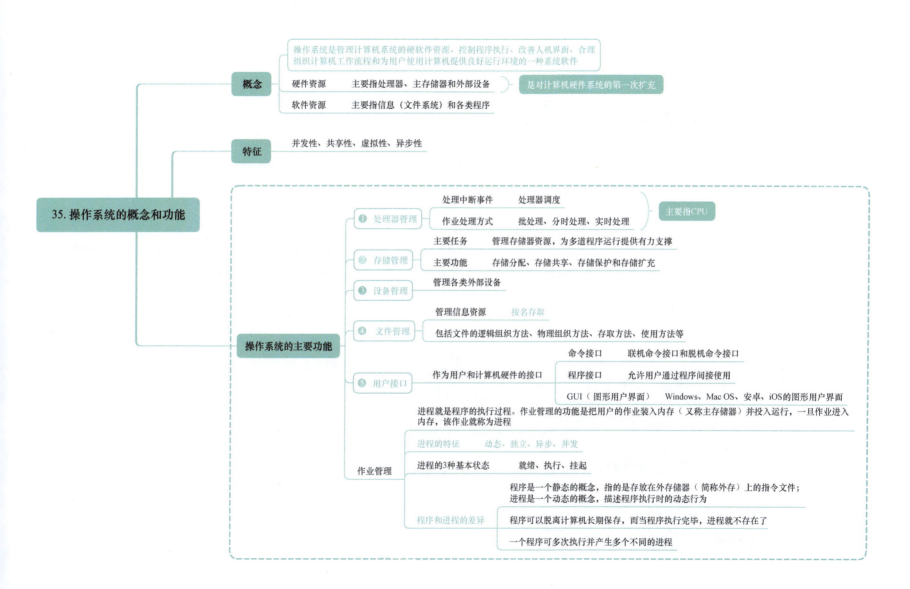

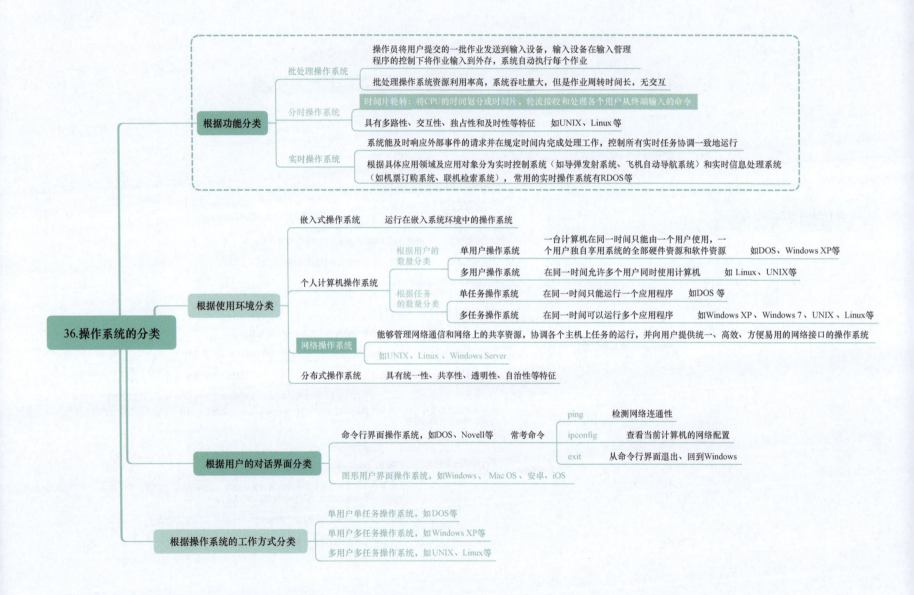

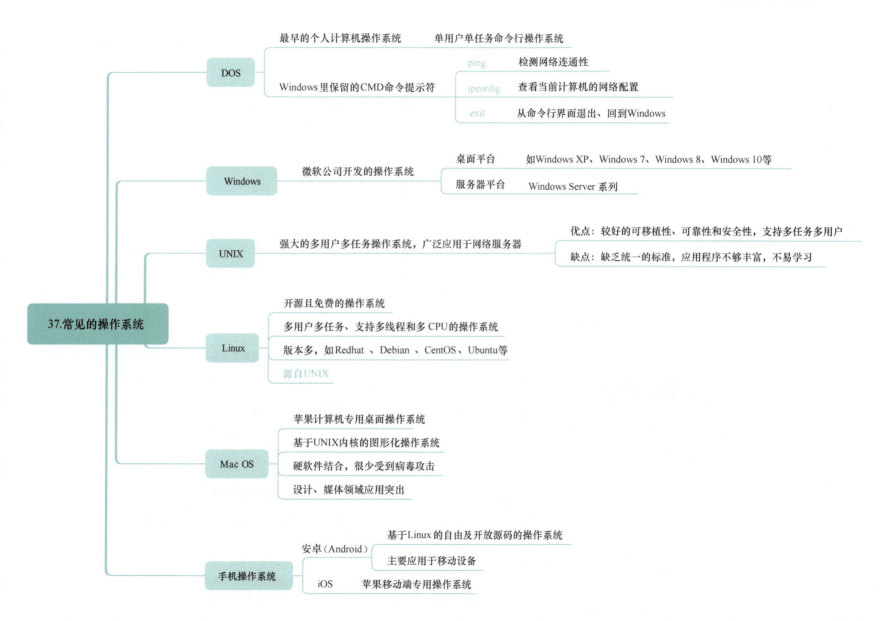

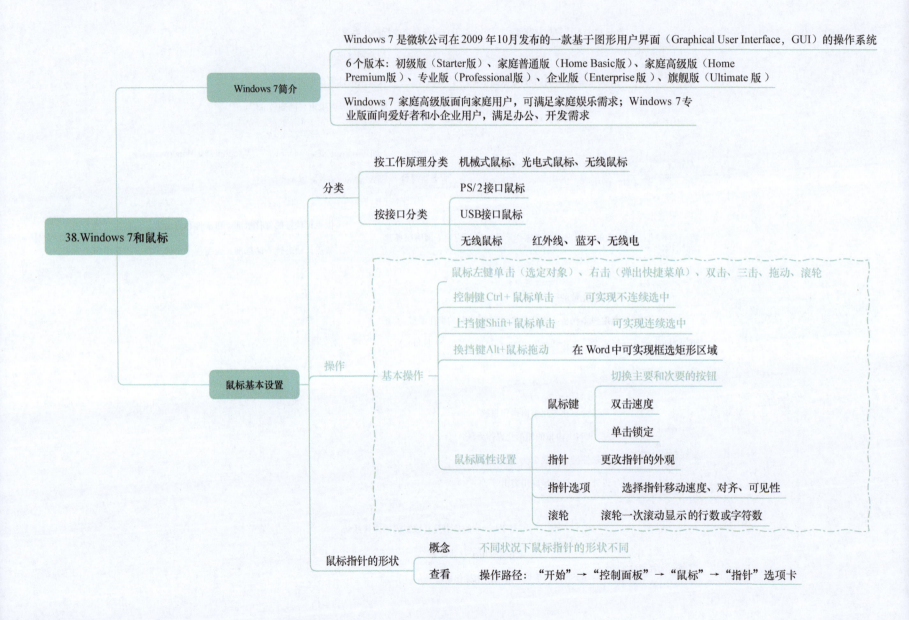

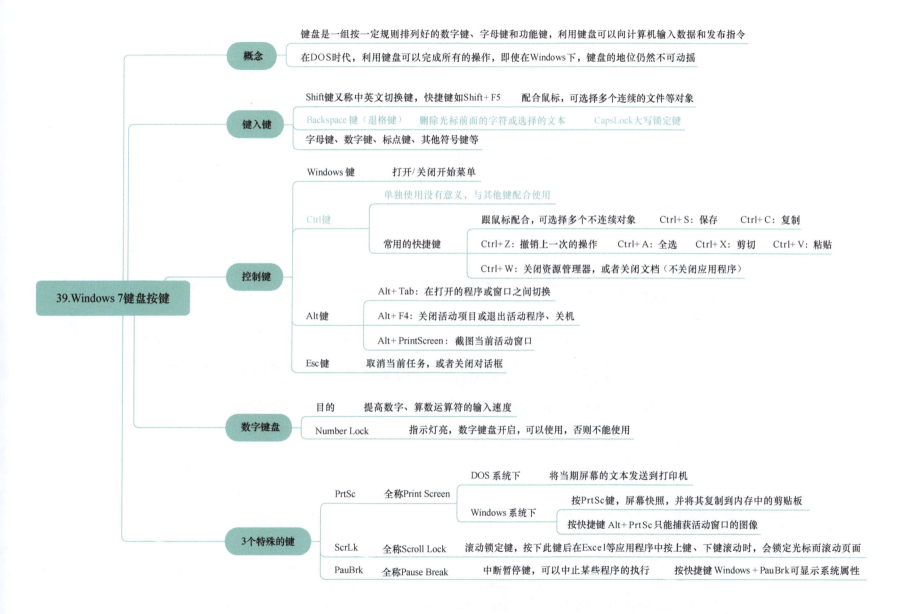

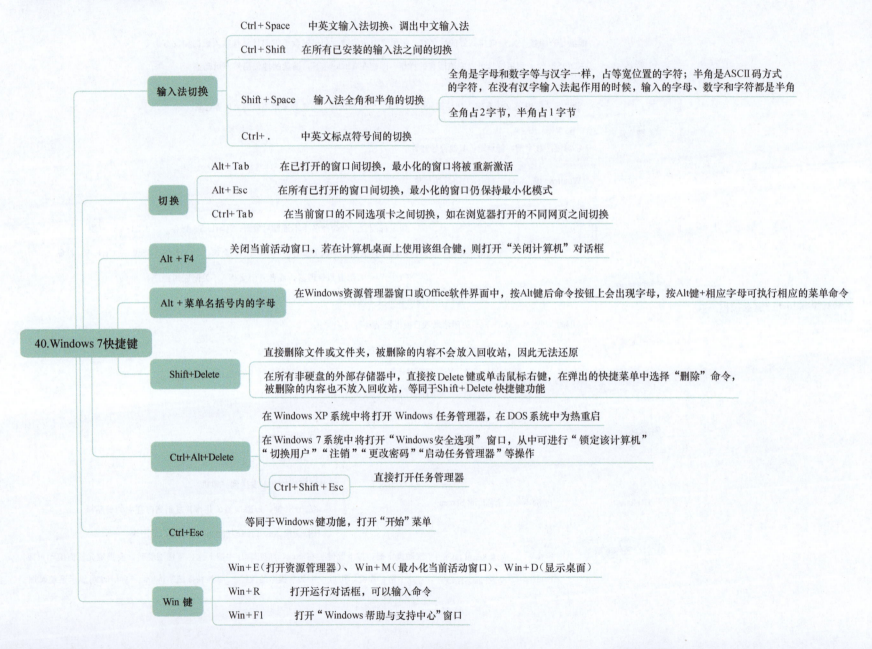

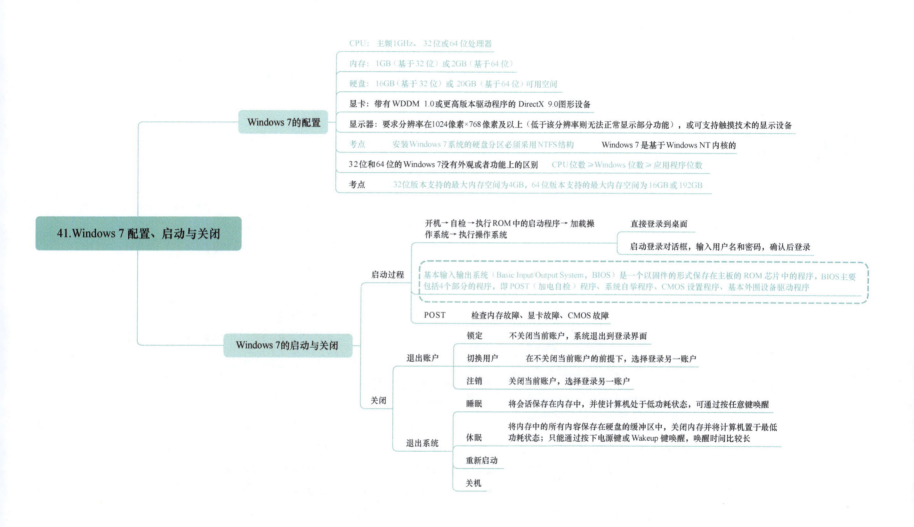

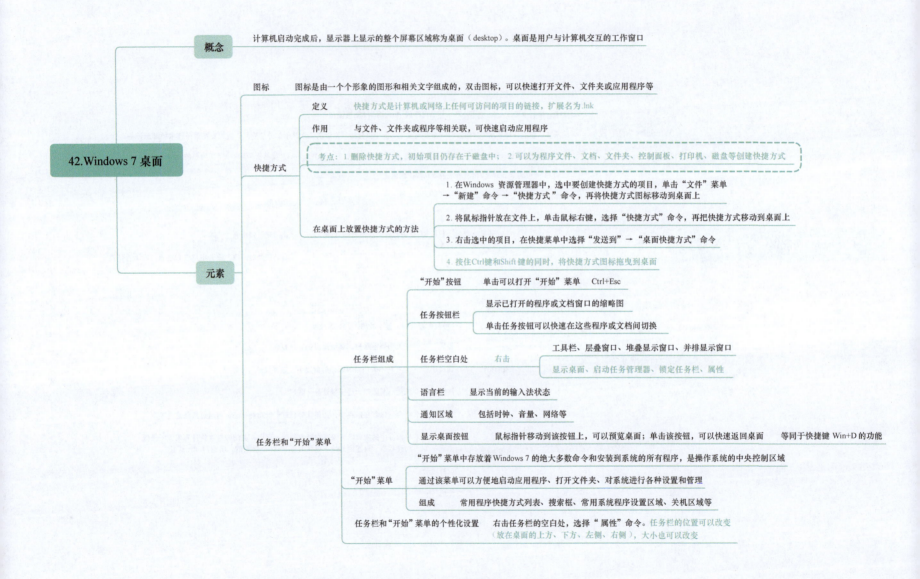

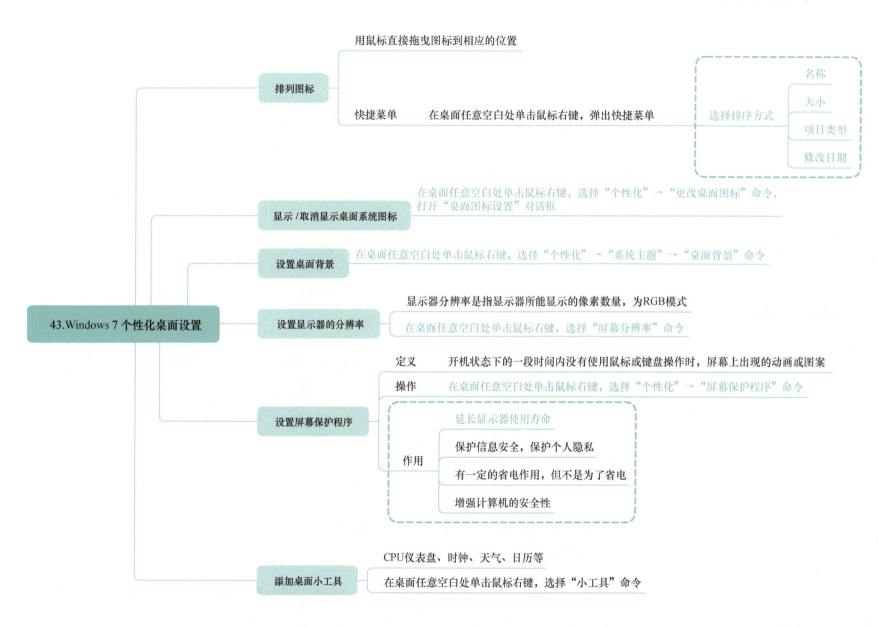

44. Windows 7 窗口

定义
运行某个程序或打开某个文档，就会对应出现一个矩形区域，这个矩形区域称为窗口

组成

边框　窗口的4条边线称为边框　拖曳边框的4个边或者4个角，可以改变窗口的大小（宽度、高度及整体大小），此时鼠标指针呈双向箭头形状

标题栏
- 窗口中最上方的一行就是标题栏
- 标题栏用于显示已打开应用程序的图标、名称等，以及"最小化""最大化/还原""关闭"按钮
- 单击左上角的应用程序图标，会打开窗口中应用程序的控制菜单，使用控制菜单也可以实现最小化、最大化和关闭等操作，双击该图标也可以关闭应用程序
- 拖曳标题栏可以移动窗口，双击标题栏可以完成窗口的最大化和还原的切换

地址栏　地址栏用于显示当前所在的位置　通过单击地址栏中不同的位置，可以直接导航到这些位置

搜索栏　通配符"？"可以和一个任意字符匹配，$n=1$；通配符"＊"可以和多个任意字符匹配，$n \geq 0$

"前进"/"后退"按钮　可以导航到曾经打开的其他文件夹，且无须关闭当前窗口

工具栏　工具栏中存放着常用的功能按钮
- "组织"按钮
  - 实现文件的剪切、复制、粘贴、删除、重命名等操作
  - 布局　菜单栏、细节窗格、预览窗格、导航窗格
- "视图"按钮　可以调整图标的显示大小与显示方式　超大图标、大图标、中等图标、小图标、列表、详细信息、平铺、内容

导航窗格　使用导航窗格可以访问文档、图片、音乐等库

详细信息面板　详细信息面板用于显示当前路径下文件和文件夹中的详细信息，如文件夹中的项目数、文件的修改日期、大小、创建日期等

菜单栏
- 在默认情况下，窗口中不显示菜单栏及工具栏等，用户可以自己设置操作路径："组织"→"布局"→"菜单栏"命令
- 注意：Windows 7 中有菜单栏，其中包括文件、编辑、查看、工具、帮助等菜单命令
- 常见标记
  - ▶　表示此菜单项下还有下级菜单
  - …　表示单击此菜单会打开一个对话框
  - √　表明正处于选中状态，再次单击会取消选中
  - ●　表明该菜单项为单选菜单，同一时刻只能有一项被选中
  - 当一个菜单为灰色时，表示此菜单项当前不可用

滚动条
- 当用户区域显示的文档的高度大于显示窗口的高度时，将在窗口的右侧出现垂直滚动条
- 当文档的宽度大于显示窗口的宽度时，将在窗口的底部出现水平滚动条

活动窗口
- 只能有一个窗口处于活动状态
- 所谓活动窗口，是指该窗口可以接收用户的键盘和鼠标输入等操作
- 非活动窗口不能接收键盘和鼠标输入，但相应的程序仍在运行，称为后台运行

45. Windows 7 窗口的基本操作

- **关闭窗口**
  - 双击标题栏左侧的控制按钮或者单击控制按钮，选择"关闭"命令
  - 单击窗口右上角的关闭按钮或者按快捷键Alt+F4
  - 右击标题栏，在快捷菜单中选择"关闭"命令
  - 右击任务栏上的缩略图标，选择"关闭窗口"命令
  - 将鼠标指针放在窗口所在任务栏的图标上，便会出现该窗口的缩略图，单击缩略图右上角的关闭按钮
  - 快捷键Ctrl+W
    - 可以关闭Windows资源管理器窗口
    - 对于Office软件是退出文档，不关闭软件窗口；对于记事本，则此操作无效
  - 结合Alt键实现相应的操作

- **移动、最小化**
  - 将鼠标指针放在窗口的标题栏上，按住鼠标左键拖动可移动窗口；单击窗口右上角的最小化按钮，可最小化窗口；按快捷键Win+M，也可最小化窗口

- **最大化/还原切换**
  - 单击窗口右上角的"最大化"/"向下还原"按钮，或者双击窗口中的标题栏

- **调整窗口的大小**
  - 按住鼠标左键的同时，调整窗口的左右边框可改变窗口的宽度，调整窗口的上下边框可改变窗口的高度
  - 按住鼠标左键的同时，调整窗口的任意一角，可同时改变窗口的宽度和高度

- **排列窗口**
  - 在任务栏的空白处右击　层叠窗口，堆叠显示窗口，并排显示窗口

- **切换窗口**
  - 在任务栏处单击对应的图标进行切换
  - 使用快捷键Alt+Tab进行切换　按住Alt键，重复按Tab键进行切换；释放Alt键，即可定位在当前窗口
  - 使用快捷键Windows+Tab，以三维方式进行窗口切换

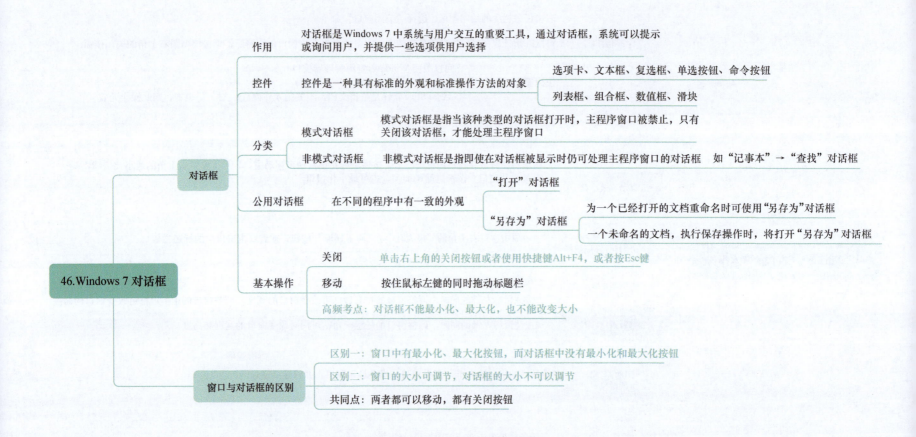

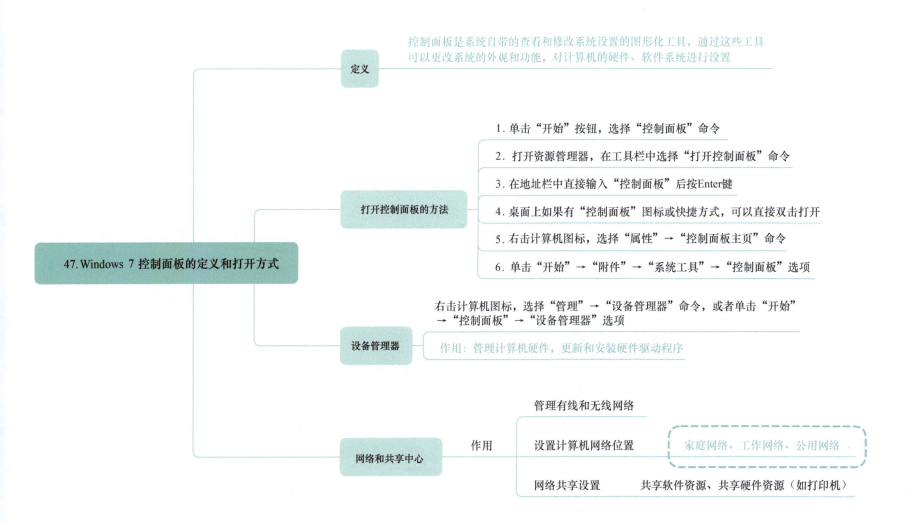

48. Windows 7 控制面板的选项设置

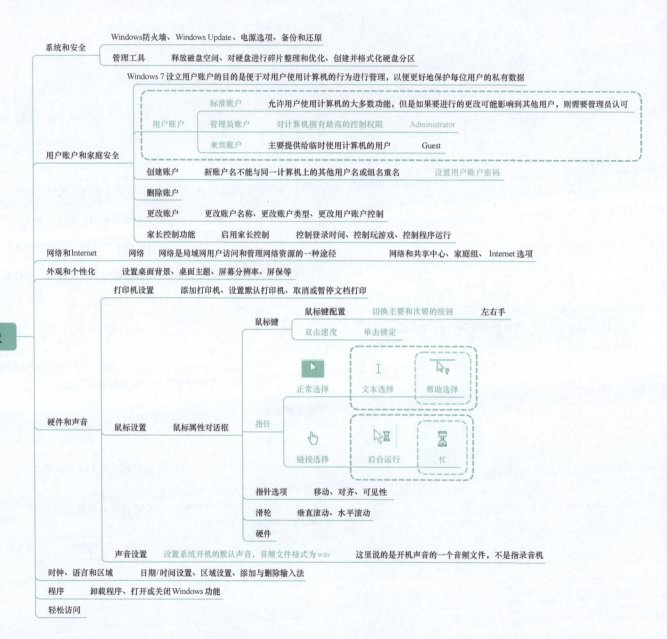

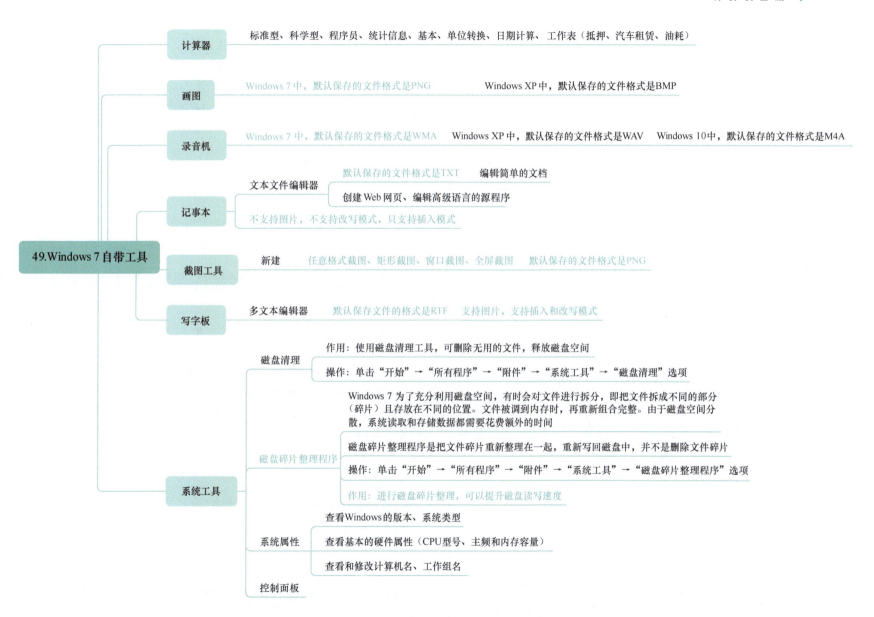

50. Windows 7 文件系统

概念
文件系统（File System）是对文件存储设备的空间进行组织和分配，负责文件存储并对存入的文件进行保护和检索的系统。具体地说，它负责为用户建立、存入、读出、修改、转储文件，控制文件的存取，当用户不再使用时撤销文件等。因此可理解为文件系统就是在存储设备（如磁盘等）上组织文件的方法

磁盘的分区

磁盘是计算机主要的存储设备。一个磁盘可以划分成几个分区（partition），也可以不分区。所谓分区，是磁盘上相互隔离的区域。磁盘被划分成多个分区，是为了把不同的操作系统或不同的数据文件存放在不同的分区，使程序和数据更容易被管理，也更安全

在Windows操作系统中，一个分区称为一个逻辑盘，每个逻辑盘都有自己的卷标和盘符。由于A盘、B盘是以前软磁盘使用的盘符，所以现在的盘符按顺序默认从C盘、D盘开始。盘符命名一般使用26个英文字母（A～Z）加一个冒号来标识，如本地磁盘（C:）

一个物理磁盘可以分成几个逻辑磁盘（分区），每个逻辑磁盘由一组连续的扇区组成

每个物理磁盘开始的几个扇区用于管理目的，它们不属于分区。其中主引导扇区或主引导记录（Master Boot Record，MBR）中存储了"分区表"和初始引导程序，是计算机启动访问磁盘的第一个扇区，即0号扇区

- **扇区**：Windows 操作系统中，磁盘不是一次读写一个字节，而是一次读写一个扇区（一般是512字节），扇区是磁盘在物理层面上存储、读写数据的基本单位
- **簇**：操作系统读写文件的基本单位，也是文件系统管理的最小磁盘单位，一般为2^n个扇区（由文件系统决定）
- **文件**：文件是有名字的一组相关信息的集合。在计算机系统中，所有的程序和数据都是以文件的形式存放在计算机的外存储器（如磁盘等）上的。文件是操作系统管理用户信息的基本单位
- **扇区和簇的区别**：扇区是磁盘最小的物理存储单元，但是操作系统通常不直接管理每一个扇区，而是通过将若干个扇区组成一个更大的集合进行操作管理。这个比扇区更大的集合，在Windows操作系统中叫作簇，在Linux操作系统中叫作块（block）。扇区是物理单位，簇是逻辑单位，簇是由扇区组成的
- **磁盘容量计算**：磁盘存储容量=磁道数×扇区数×每个扇区内字节数（512B）×盘面数×磁盘片数

Windows文件系统

FAT文件系统
- **概念**：FAT文件系统是Windows操作系统采用NT内核之前使用的文件系统，文件系统的核心是FAT（File Allocation Table，文件分配表）
- **分类**：
  - FAT12：适用于过去的软磁盘，现在已经被淘汰
  - FAT16：每个磁盘分区的最大容量是 4GB
  - FAT32：
    - Windows 95之后版本的操作系统使用的文件系统
    - Windows XP 操作系统使用的文件系统
    - 最大容量2TB，但是Windows NT 内核限制每个磁盘分区的最大容量不超过32GB
    - 考点：单个文件最大为4GB
  - exFAT：
    - exFAT（Extended File Allocation Table，扩展文件分配表）是为了解决FAT32不支持4GB及其更大的文件而推出的、适合于闪存（U盘/存储卡）使用的文件系统
    - Windows 7及以上版本的操作系统对U盘格式化时默认使用的文件系统
    - 单个文件最大可达16EB

NTFS文件系统
- Windows 7及以上版本的操作系统对磁盘格式化时默认使用的文件系统
- NTFS 卷标最多支持32个字符
- 最大分区可以达到2TB
- 最大单个文件的大小受磁盘分区容量影响

CDFS是大部分的光盘使用的文件系统　　Ext2是Linux操作系统中标准的文件系统
HFS（Hierarch File System，分层文件系统）是一种由苹果公司开发，并使用在Mac OS操作系统中的文件系统

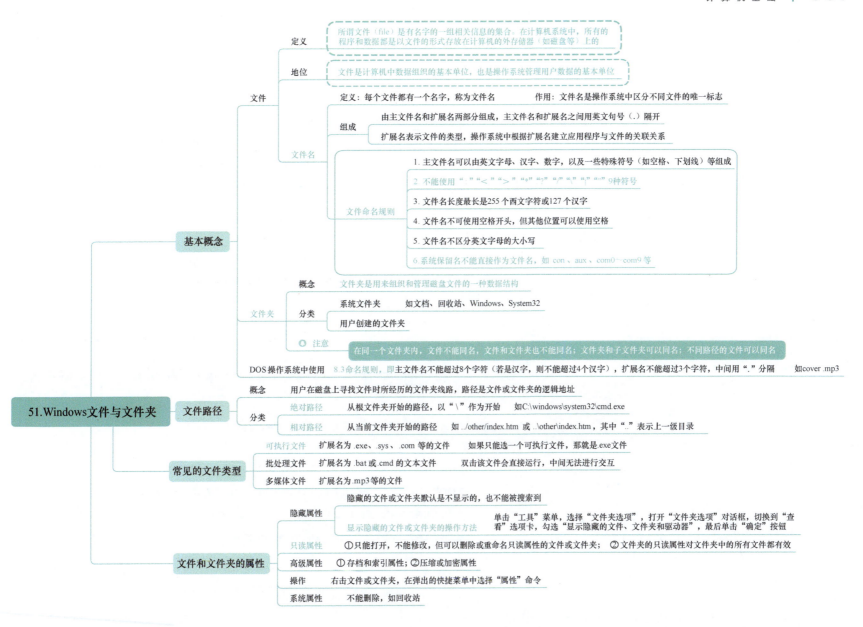

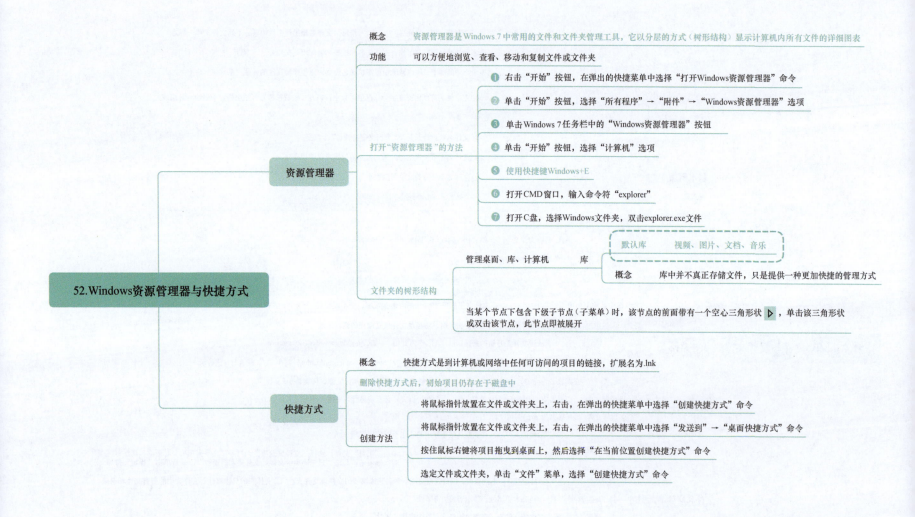

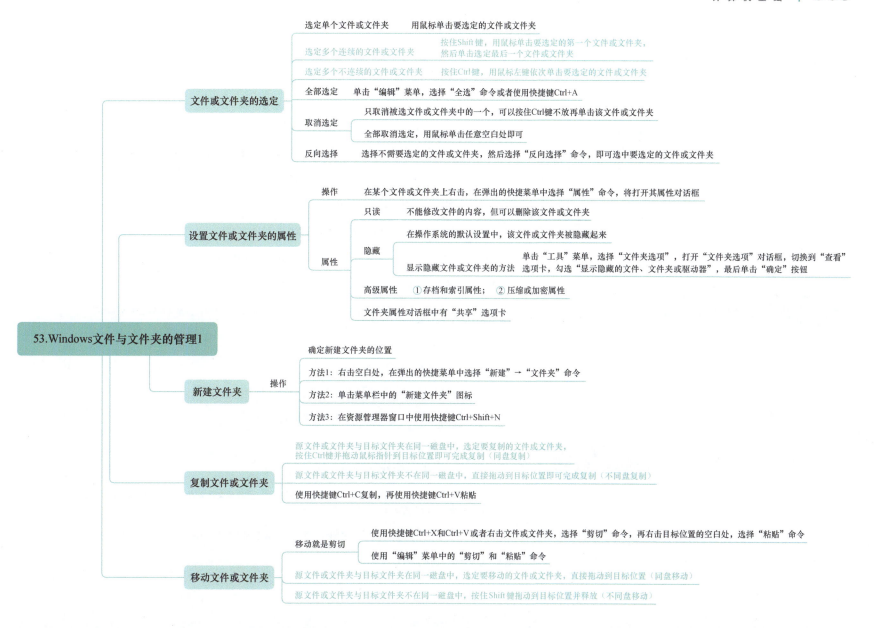

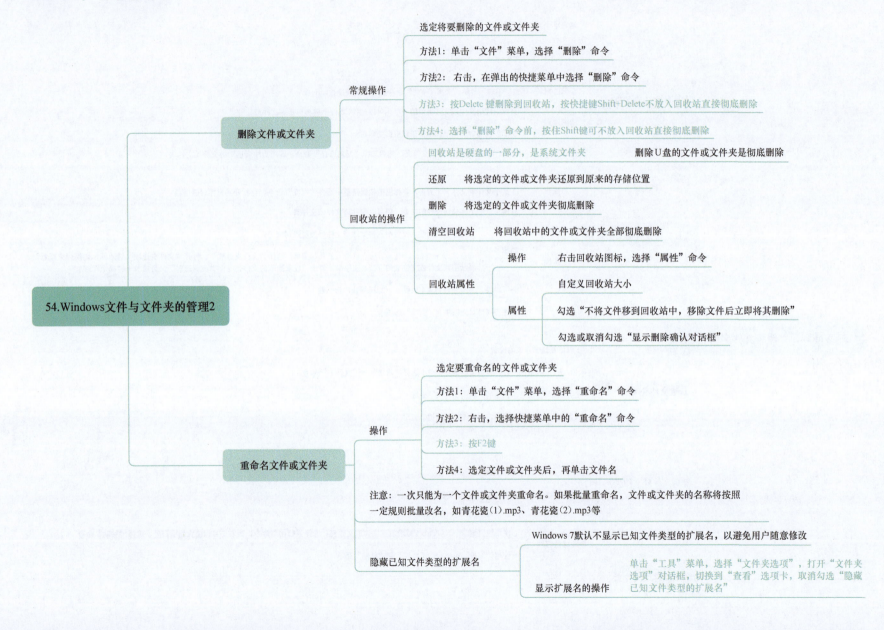

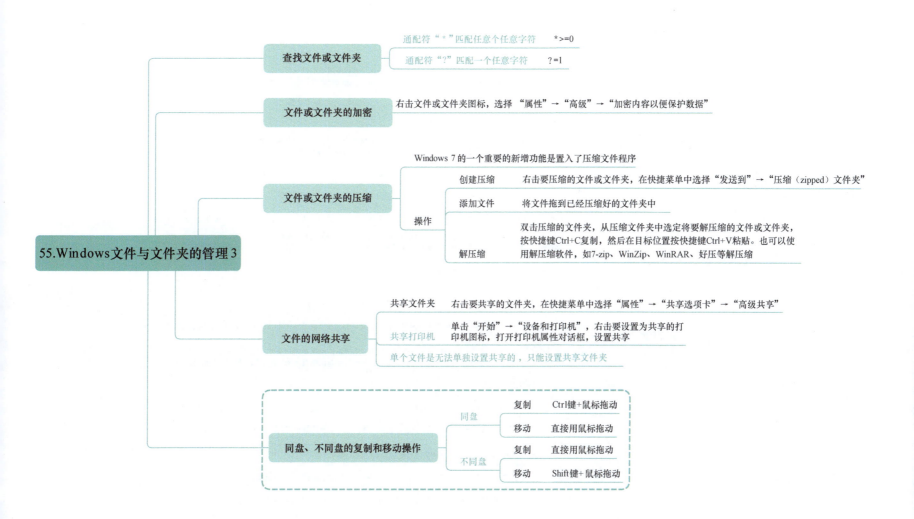

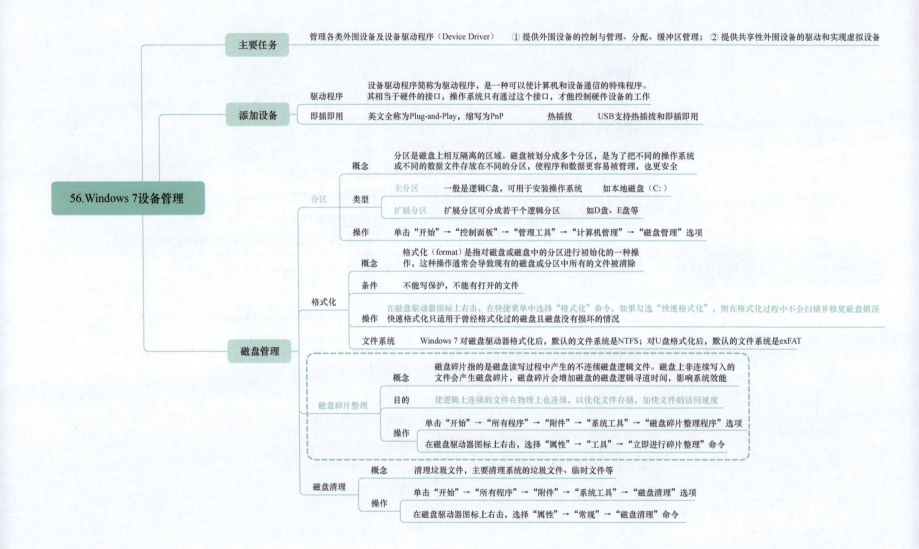

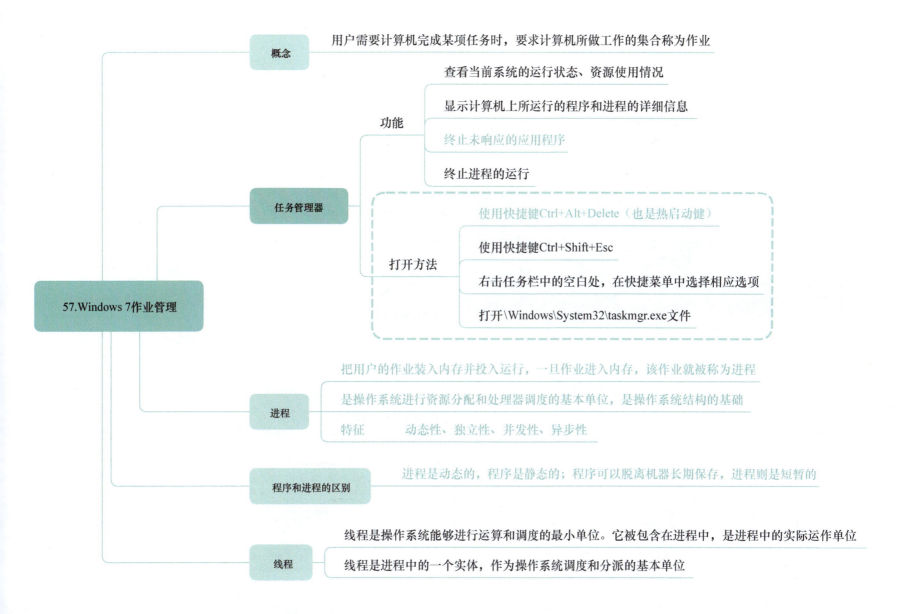

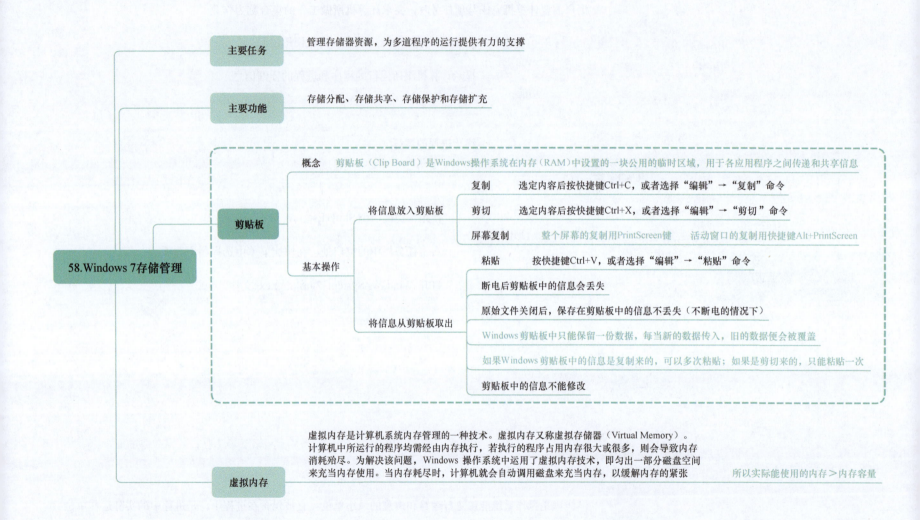

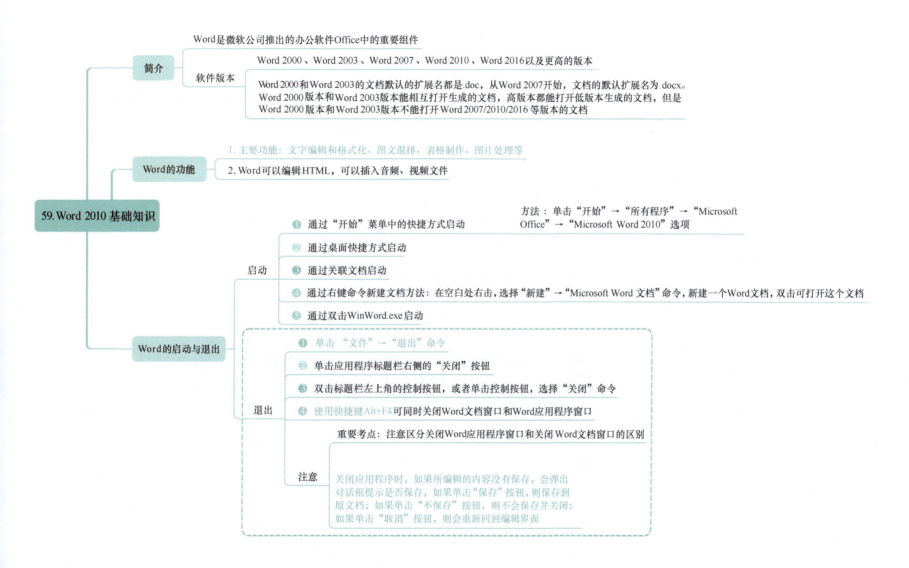

60. Word 2010窗口组成

标题栏
- 标题栏主要用于显示正在编辑的文档名称和当前使用的应用程序的名称,以及Office软件标准的"最小化""向下还原"(或"最大化")和"关闭"按钮等
- 标题栏位于窗口的最上方,从左到右依次为控制菜单按钮、快速访问工具栏、正在操作的文档名、应用程序的名称和窗口控制按钮
- **控制菜单按钮**:单击该按钮,会弹出一个窗口控制菜单,通过该菜单可对窗口执行还原、最小化和关闭等操作
- **快速访问工具栏**:用于显示常用的工具按钮,默认显示的按钮有"保存""撤销""恢复",单击相应按钮可执行相应的操作。用户也可以自己定义快速访问工具栏
- **窗口控制按钮**:从左到右依次为"最小化"按钮、"最大化"/"向下还原"按钮和"关闭"按钮,单击相应按钮可执行相应的窗口操作

功能区
- 功能区位于标题栏的下方,它通过选项卡和选项组来展示各级命令,便于用户查找与使用。命令是以分组的形式进行组织的。用户通过单击选项卡来展开或隐藏选项组
- 功能区主要包括文件、开始、插入、页面布局、引用、邮件、审阅、视图等选项卡
  - **重要考点**:Word有哪些选项卡,每个选项卡中有哪些选项组,每个选项组中又有哪些命令按钮?
- **"文件"选项卡**:"文件"选项卡实际上是一个多级菜单的分级结构,位于Word窗口左上角,包括信息、最近、新建、打印、共享、打开、关闭和保存等常用命令
- **上下文选项卡**:上下文选项卡是指当用户选择了某个对象或范围时,相关的选项卡会出现在功能区的最右侧供用户使用,如表格工具(设计和布局选项卡)、图片工具(格式选项卡)
- **浮动工具栏**:浮动工具栏是选择某个区域时,在区域右上角会出现对应的浮动工具栏,可以快速访问各种命令

文档编辑区
- 文档编辑区又称为文档工作区,它位于窗口的中间位置,在其中可以输入文本、插入表格、插入图片,对文档的内容进行删除、移动、设置格式等操作
- 文档编辑区主要分为选定区、文本编辑区、标尺、滚动条和选择浏览对象等

状态栏
- 状态栏位于窗口的最底端,用于显示当前窗口的状态信息,包括文档页码(当前页/总页数)、字数、文档采用的语言、插入/改写、视图切换按钮(页面视图/阅读版式视图/Web版式视图/大纲视图/草稿视图)、窗口显示比例调整滑块等。将鼠标指针放置在状态栏空白处并右击,可自定义状态栏

Word 2010窗口

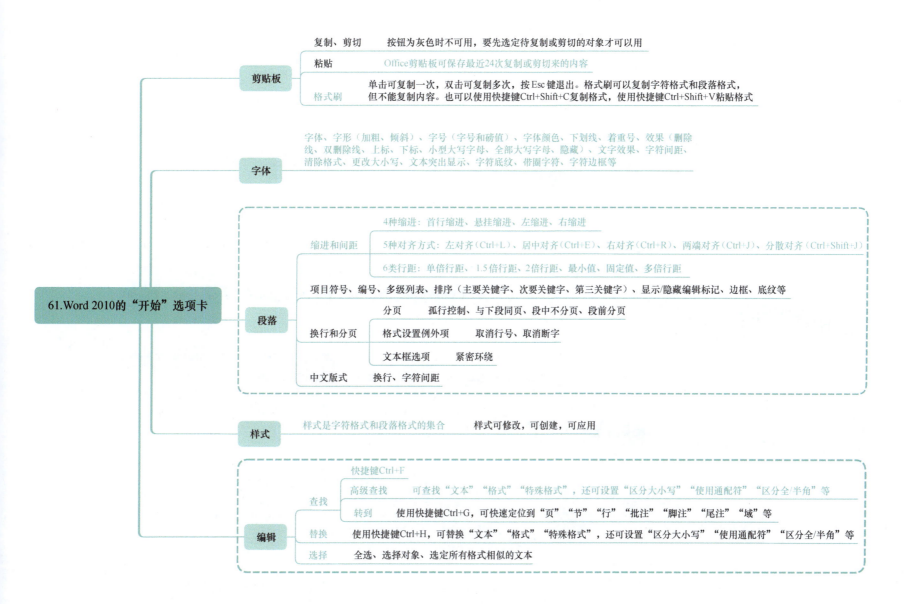

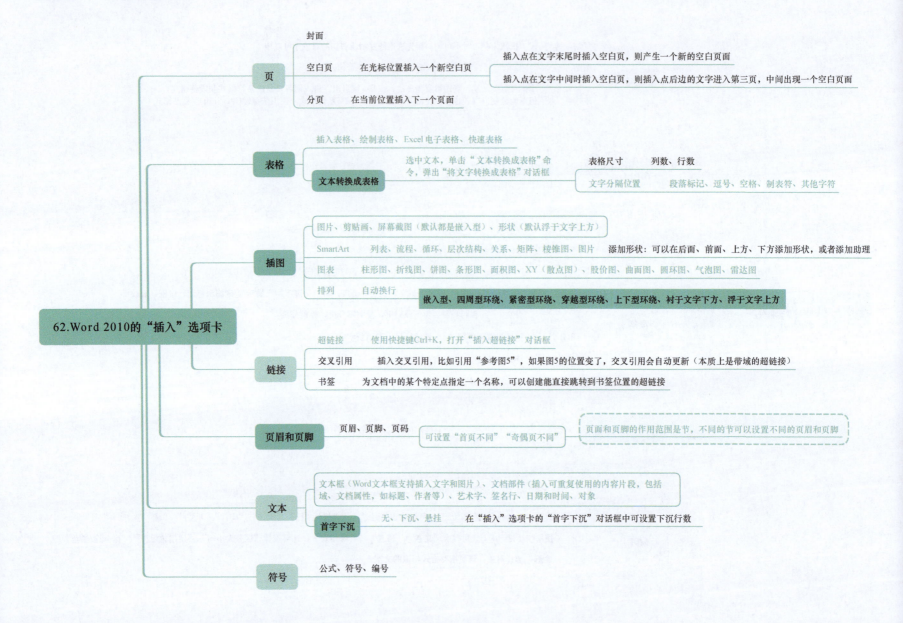

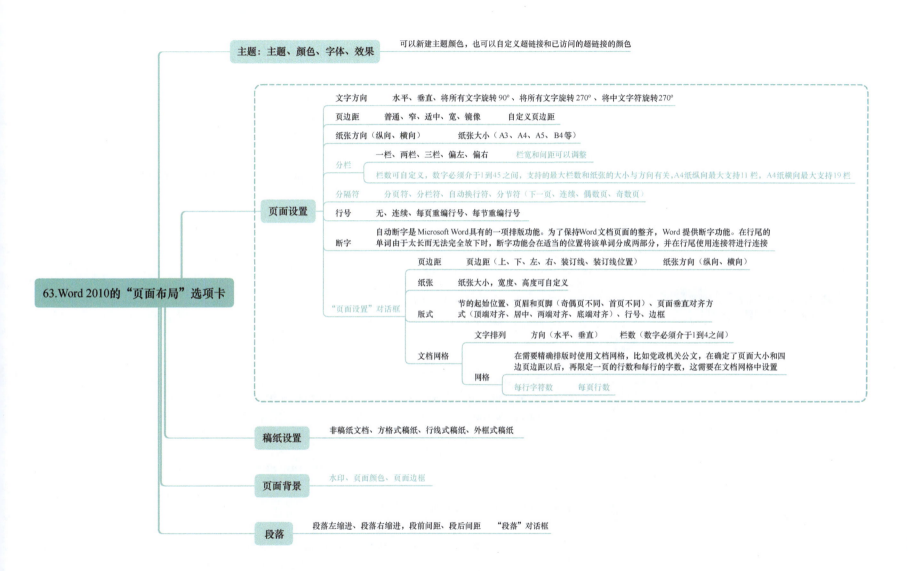

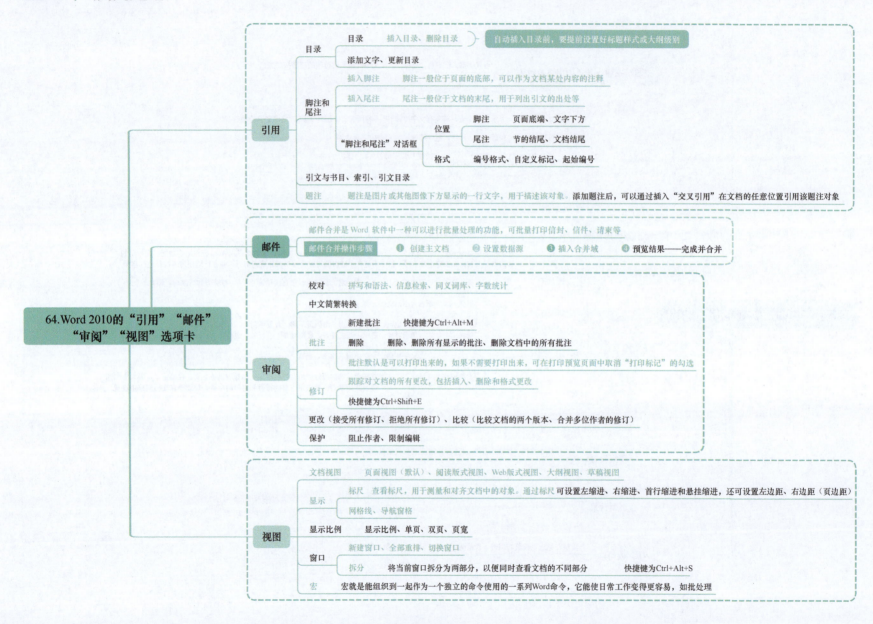

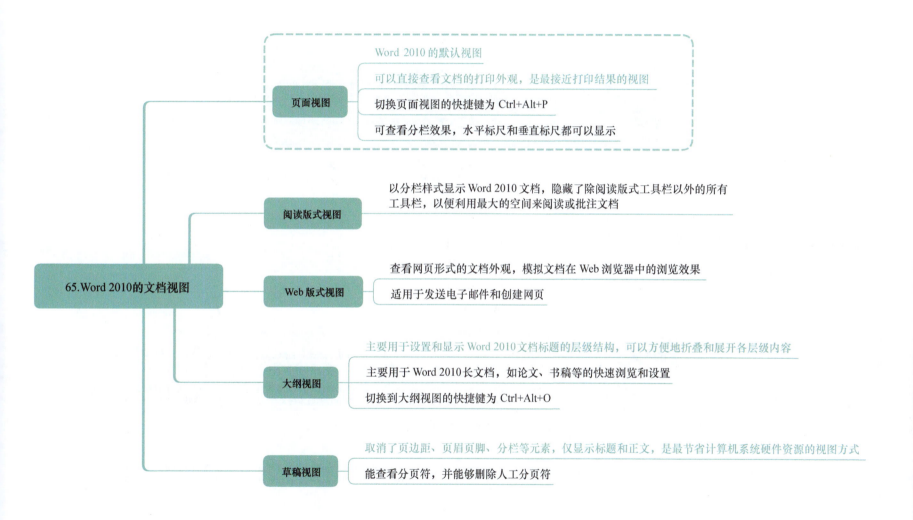

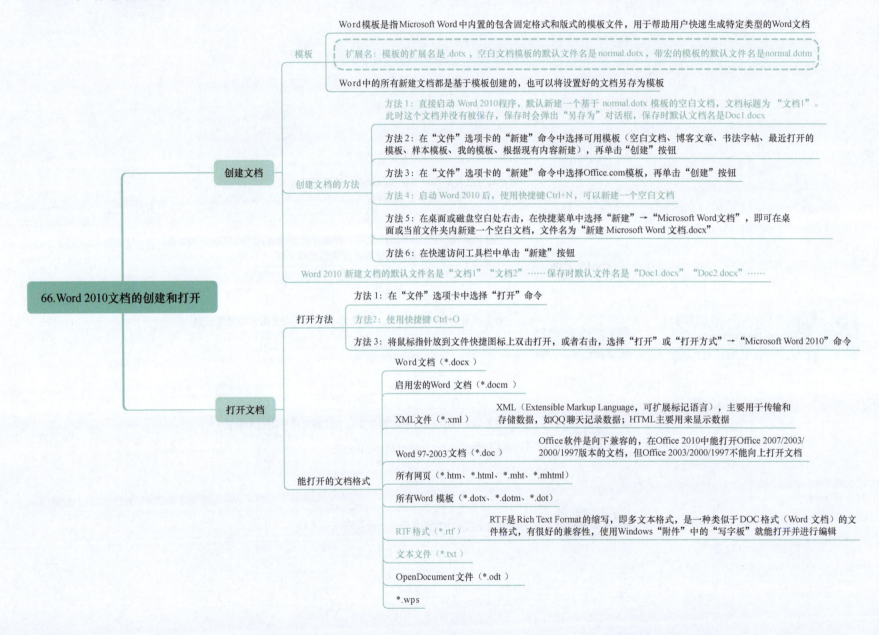

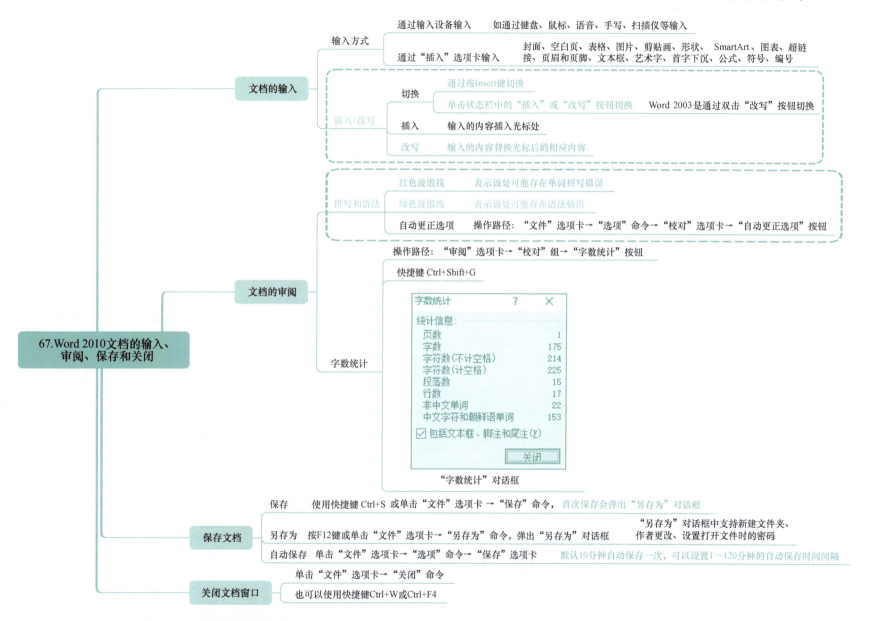

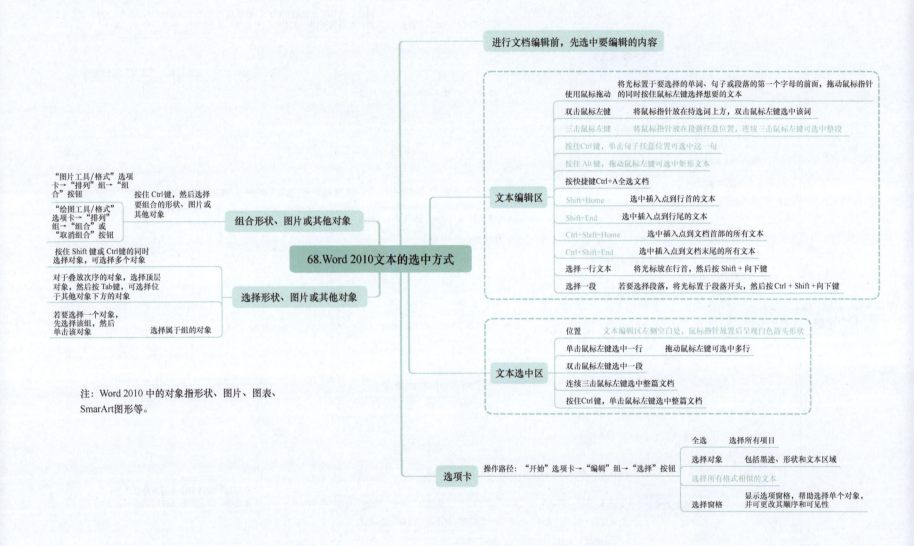

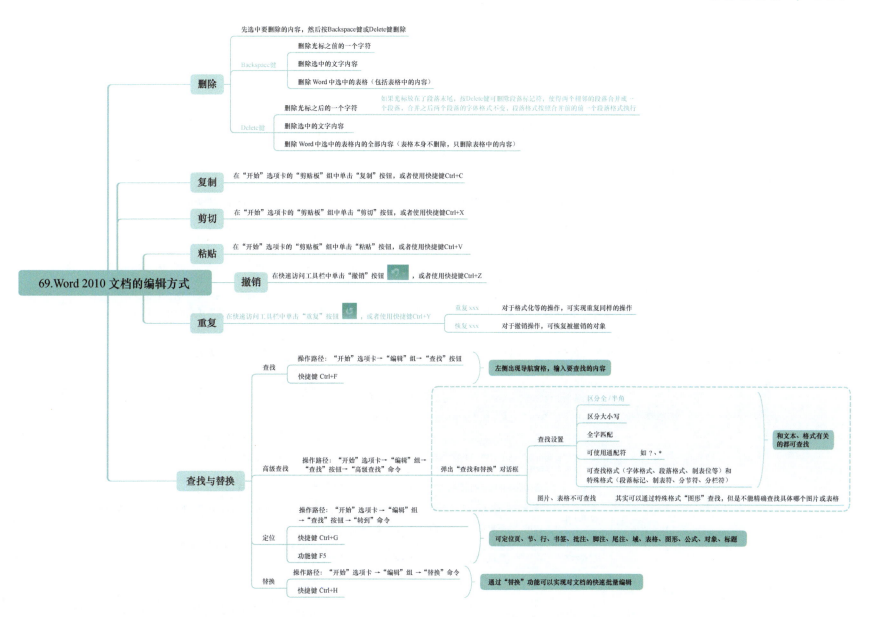

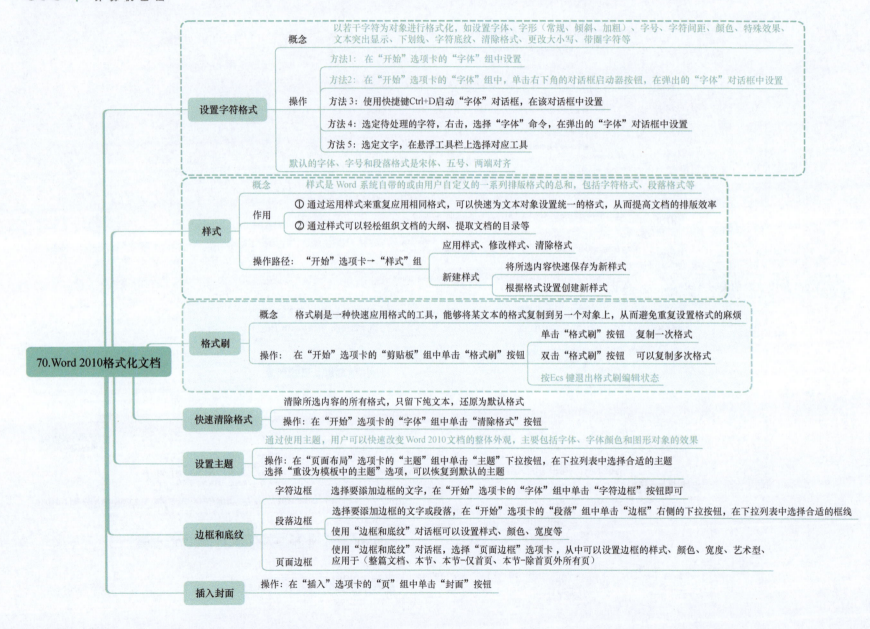

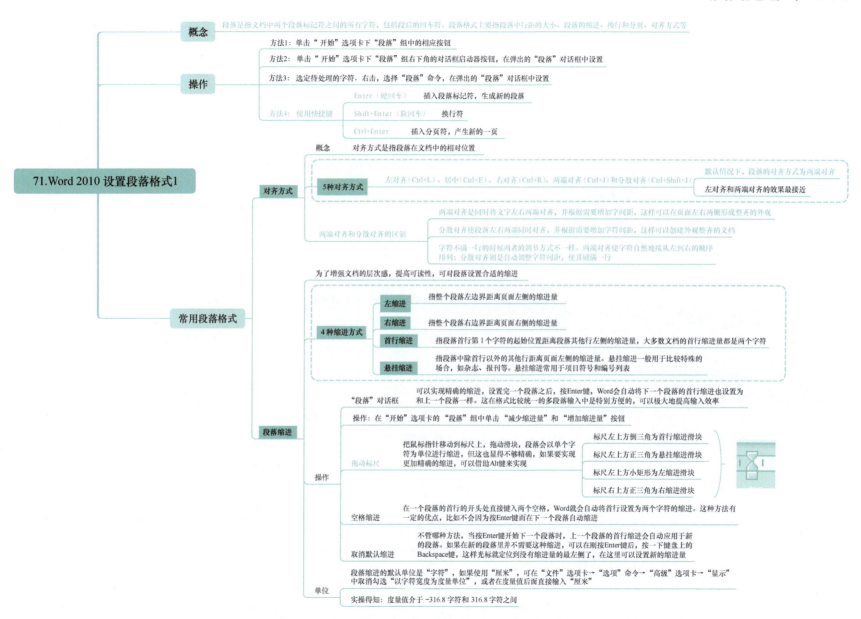

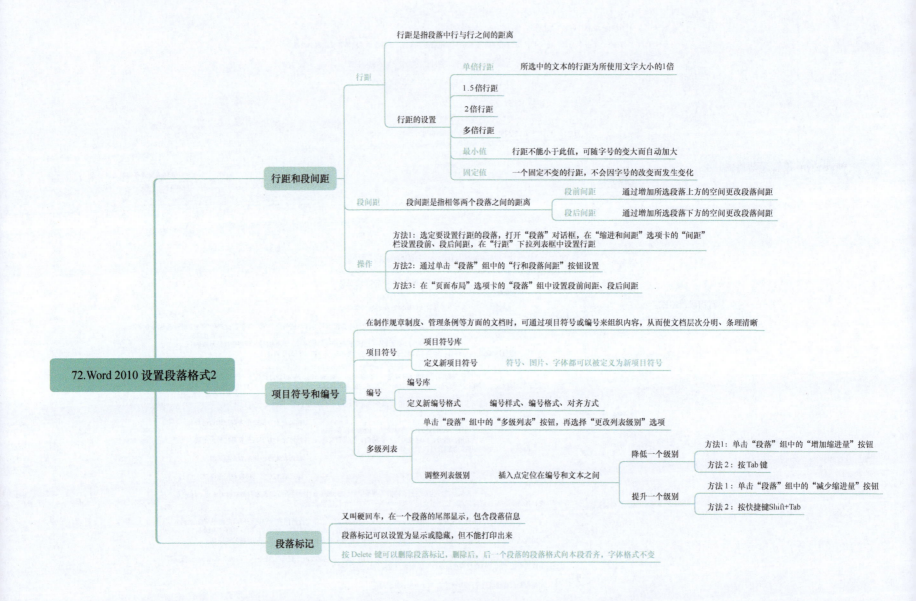

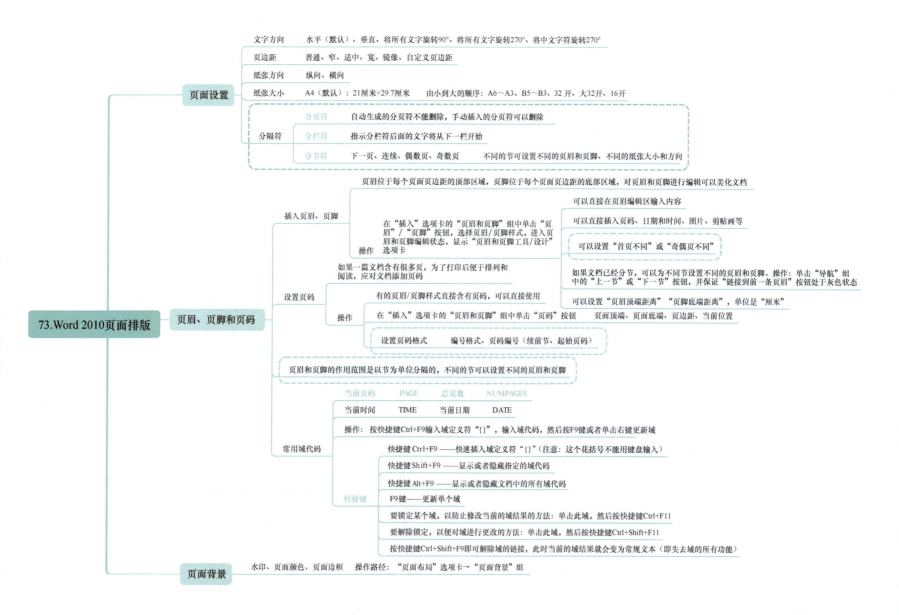

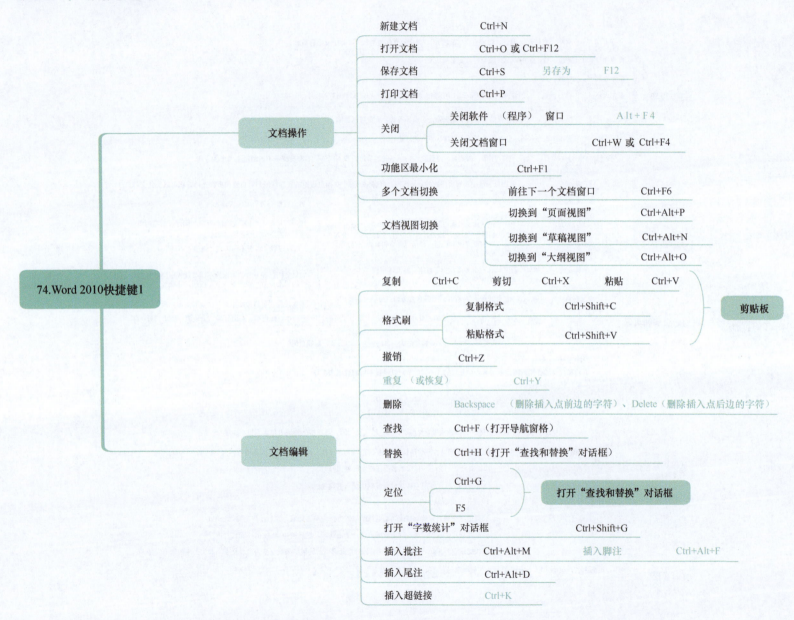

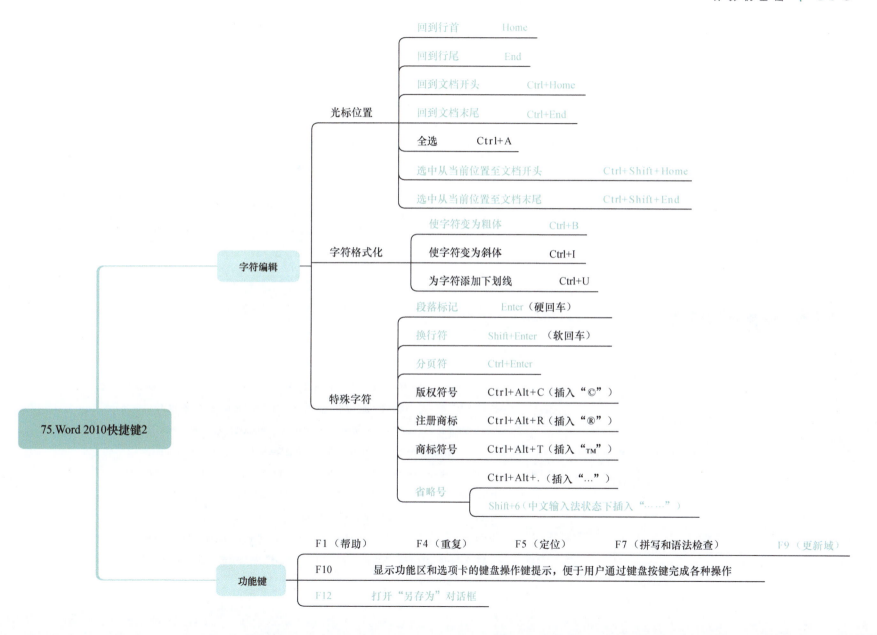

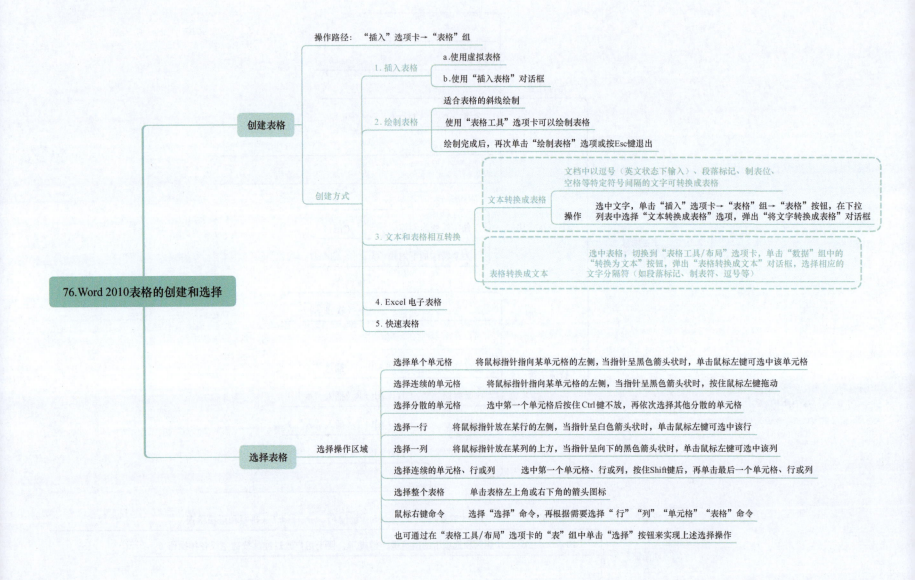

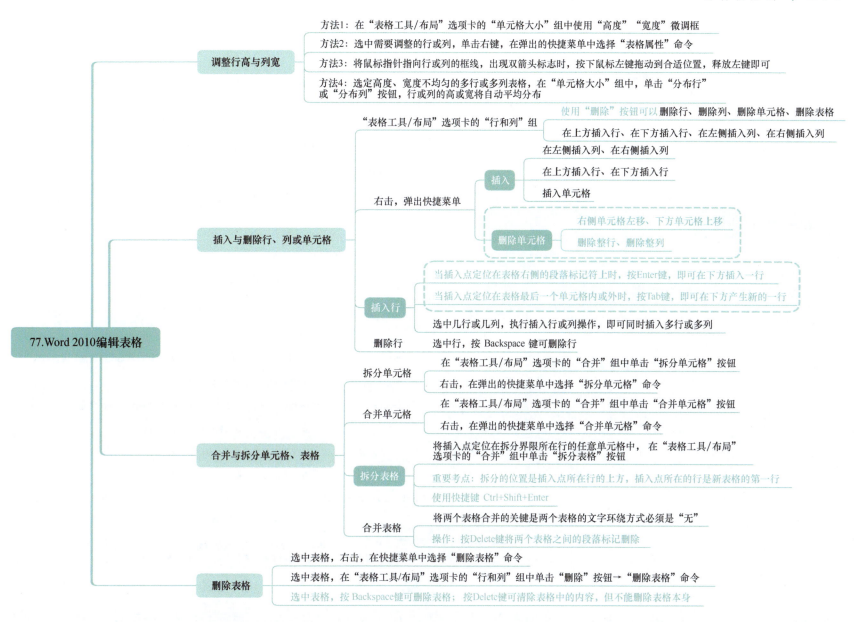

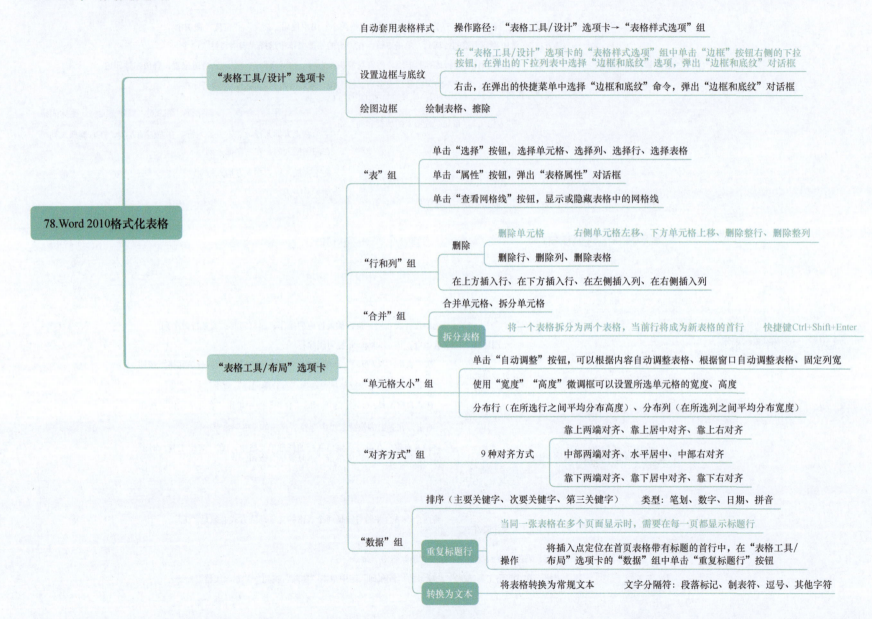

79. Word 2010表格数据的计算与排序

表格数据的计算

- 一张Word表格最多可有32767×63个单元格

- **计算数据**：将插入点定位在要插入公式的单元格中，切换到"表格工具/布局"选项卡，单击"数据"组中的"公式"按钮，弹出"公式"对话框

- **输入公式注意事项**：
  - 可以采用的运算符有+、−、*、/、^、%、=，共7种。注意：公式前的"="不能遗漏
  - 输入公式时应确保在英文半角状态下，公式中的字母不区分大小写
  - 公式中应代入单元格的地址，而不是单元格中的具体数值，参加计算的单元格中的数据应是数值型
  - 公式中的函数可以自己输入，也可以使用"粘贴函数"下拉列表进行选择
  - 3个函数参数：ABOVE、LEFT、RIGHT，分别表示向上、向左、向右运算的方向

- **计算数据更新**：
  - 当公式的数据源变化时，公式的结果必须经过用户逐个更新才能随之改变
  - 操作：单击需要更新的公式数据，其所在的单元格变成灰色的底纹时
    - 右击，在快捷菜单中选择"更新域"命令
    - 或者按F9键

数据的排序

- 操作：将插入点定位在表格中，在"表格工具/布局"选项卡的"数据"组中单击"排序"按钮
- 对表格中的数据按相应的规则升序或降序　　只能按列排序，不能按行排序
- 排序依据"主要关键字""次要关键字""第三关键字"，最多只能设置3个关键字

"排序"对话框

- 排序类型　　笔划、数字、日期、拼音

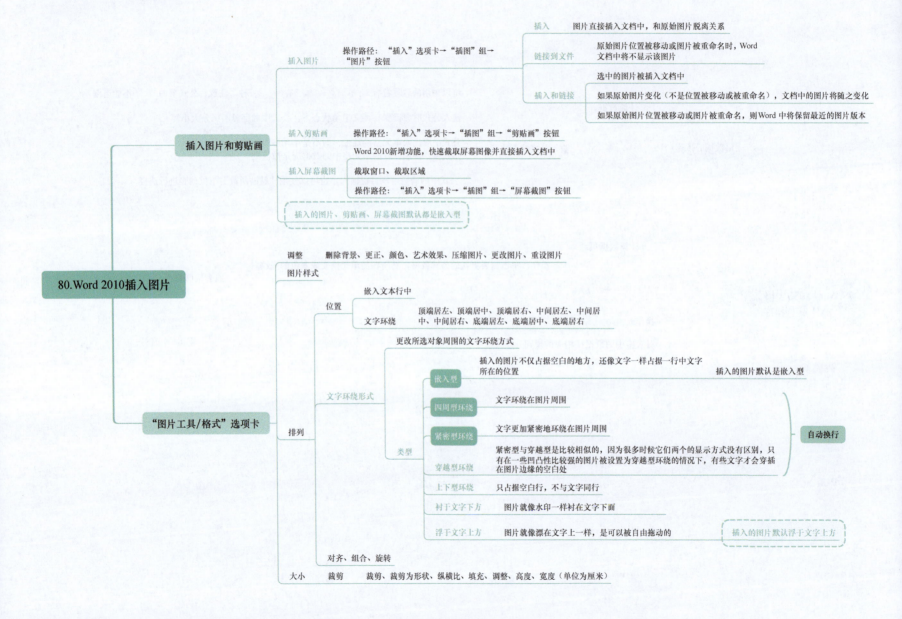

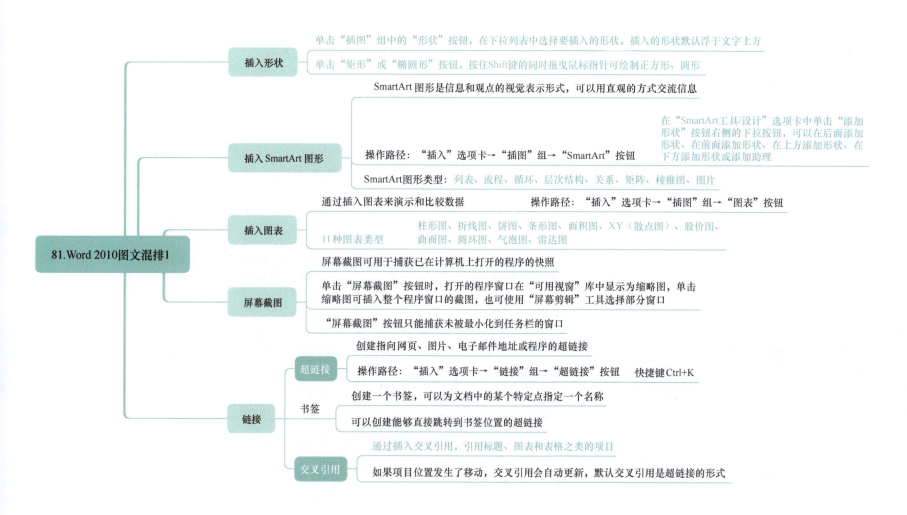

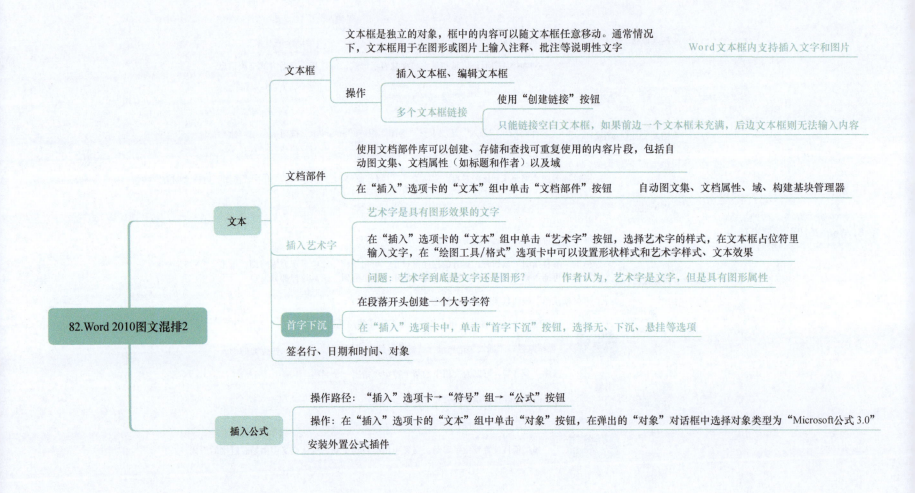

83. Word 2010高级应用

邮件合并

当要编辑、处理的多份文档的主要内容都是相同的，只是具体数据有不同变化时，可以使用Word 2010的邮件合并功能

操作步骤
1. 创建主文档
2. 设置数据源
3. 插入合并域
4. 预览结果
5. 邮件合并

插入目录

对于内容复杂的长文档，需要创建目录来查看整个文档的结果与内容。目录可以帮助用户快速查找所需信息，Word 2010可以自动提取文档中所使用的内部标题样式并生成到目录中，论文、书籍等常使用该功能

在"引用"选项卡中，可插入目录、更新目录、删除目录

要想自动生成目录，需要提前设置好标题样式或者大纲级别

快捷键
- 按住Ctrl键的同时单击目录可以跳转到具体位置
- 按快捷键Ctrl+Shift+F9可以取消链接

审阅与修订文档

使用批注

批注是文档审阅者与作者的沟通渠道，审阅者可将自己的见解以批注的形式插入文档中，供作者查看和参考

操作
- 插入批注：在"审阅"选项卡的"批注"组中单击"新建批注"按钮；快捷键为Ctrl+Alt+M
- 删除批注：右击批注，选择"删除批注"命令；单击"批注"组中的"删除"按钮
- 打印批注：批注默认可以打印，在打印预览设置中取消"打印标记"的勾选即可不打印，或者单击"显示标记"按钮，在下拉列表中取消"批注"的勾选

修订文档

概念：文档修订功能会自动跟踪对文档的所有更改，包括插入、删除和格式更改，并对更改的内容作出标记

操作
- 修订文档　操作：在"审阅"选项卡的"修订"组中单击"修订"按钮
- 设置修订选项
- 显示修订标记状态
- 更改文档　操作：单击"更改"组中的"接受"或"拒绝"按钮，也可以右击，从弹出的快捷菜单中选择相应的修订选项

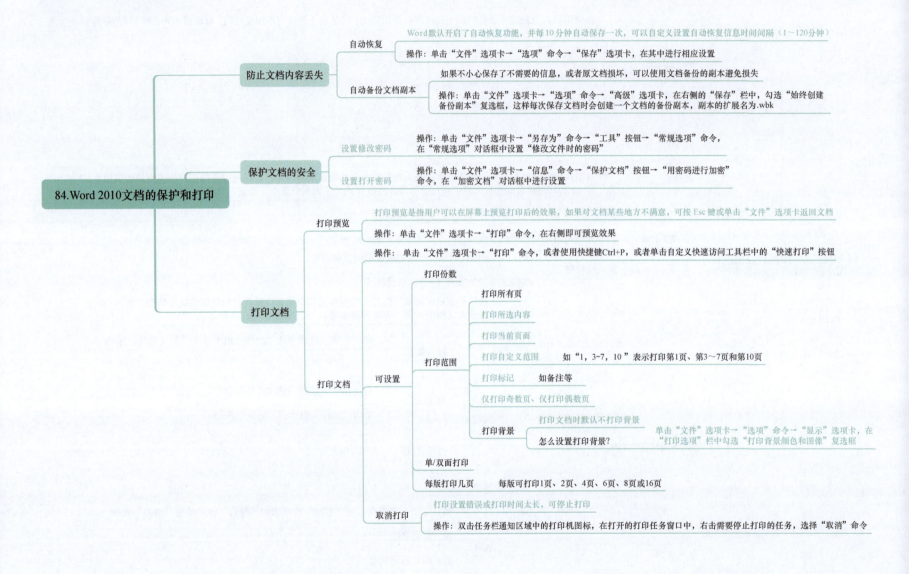

85. Excel 2010窗口组成

- **Excel功能**：数据存储（数据库）、数据处理、数据表示（可视化）
- **标题栏、功能区（选项卡和选项组）**：文件、开始、插入、页面布局、公式、数据、审阅、视图选项卡
- **工作表编辑区**
  - **行号和列标**
    - 行号
      - 工作表编辑区左侧的数字是行号
      - 行号从1到1048576　　Excel 2003的行数是65536（2^{16}）
    - 列标
      - 上方显示的大写字母就是列标
      - 列标从A到XFD，共16384列
      - Excel 2003的列数是256列（2^8），列标从A到IV
  - **单元格**
    - 单元格是工作表中行和列交叉的部分，是工作表最基本的数据单元，也是电子表格软件处理数据的最小单位
    - 单元格名称（单元格地址）：由列号和行号标识，列标在前，行号在后，如第三行第二列单元格的名称是B3
    - 当前（活动）单元格
      - 当前单元格带有一个粗黑框，右下角的黑色方块称为填充柄
      - 在一个工作表中，当前（活动）单元格只有一个
      - 当前单元格的名称显示在编辑栏的名称框中
  - **全选按钮**
  - **工作表切换按钮**：用于显示需要的工作表标签
  - **工作表标签**：用于切换工作表
  - **编辑栏**：用于显示和编辑当前单元格中的数据或公式
    - 组成
      - 名称框：用于显示当前单元格的名称
      - 按钮组："取消"按钮、"输入"按钮、"插入函数"按钮
      - 编辑框
        - 用于显示单元格中输入的数据
          - 和单元格显示的数据有所不同
          - 计算时默认按输入的数据内容进行计算
        - 将插入点定位在编辑框内，可对当前单元格中的数据进行修改和删除等操作
  - **"新建工作表"按钮**："新建工作表"按钮位于工作表标签的右侧，单击该按钮，可在当前工作簿中新建工作表
  - **视图切换按钮**：普通、页面布局、分页预览
- **状态栏**：默认可显示所选非空单元格的个数、求和、平均值，也可通过右击状态栏空白处，在弹出的快捷菜单中自定义状态栏所显示的内容

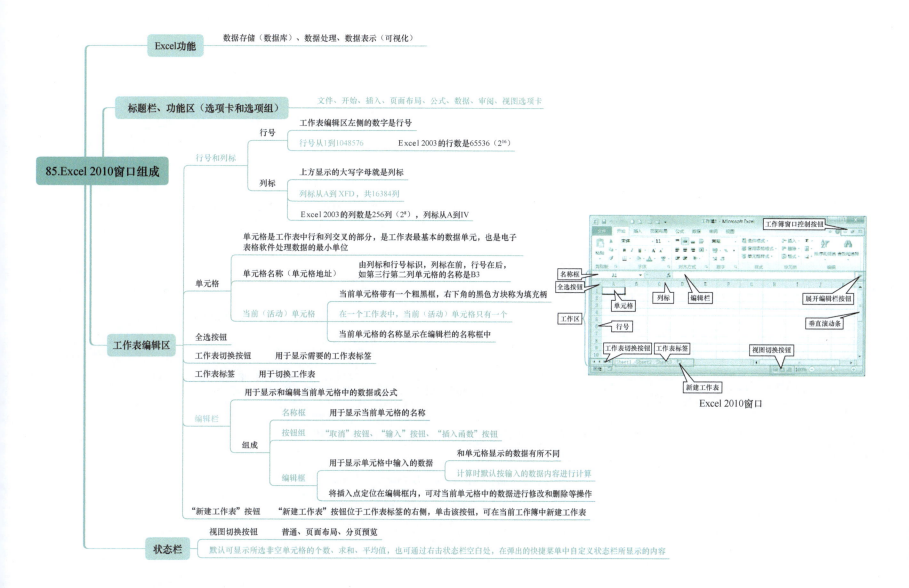

Excel 2010窗口

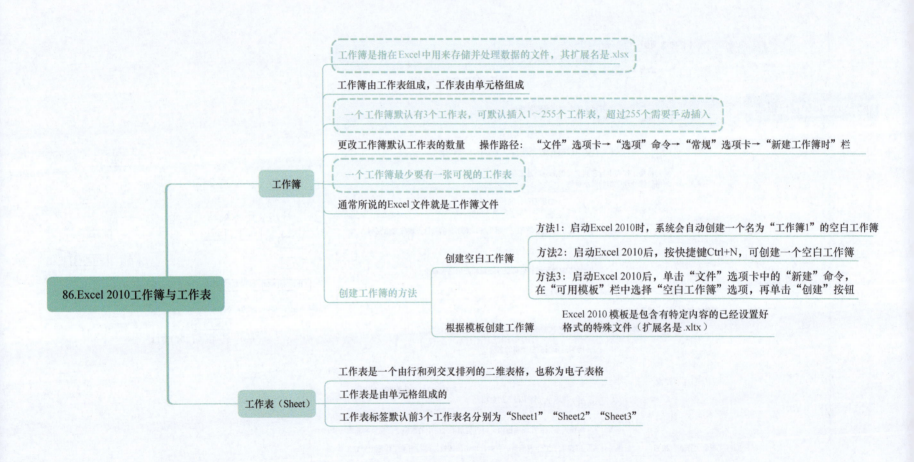

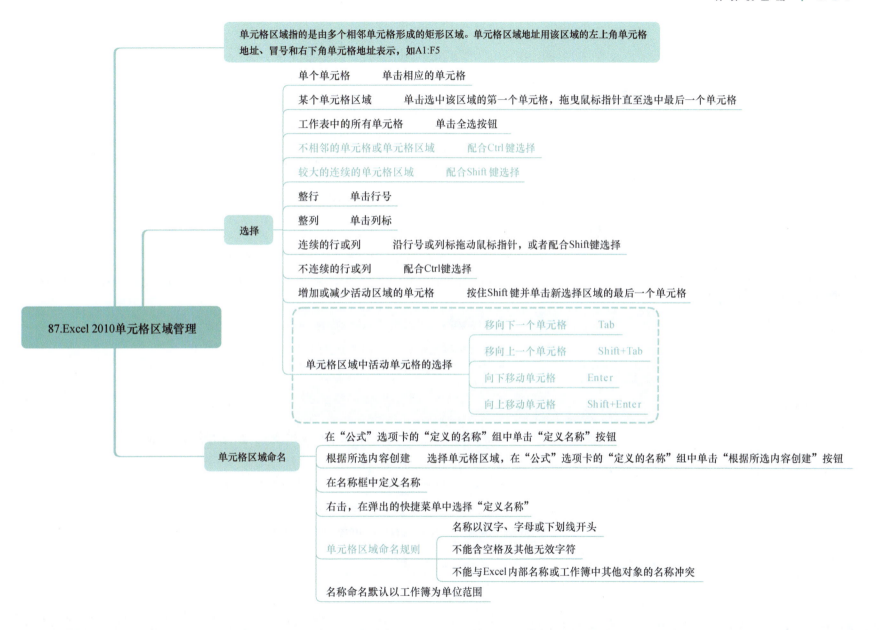

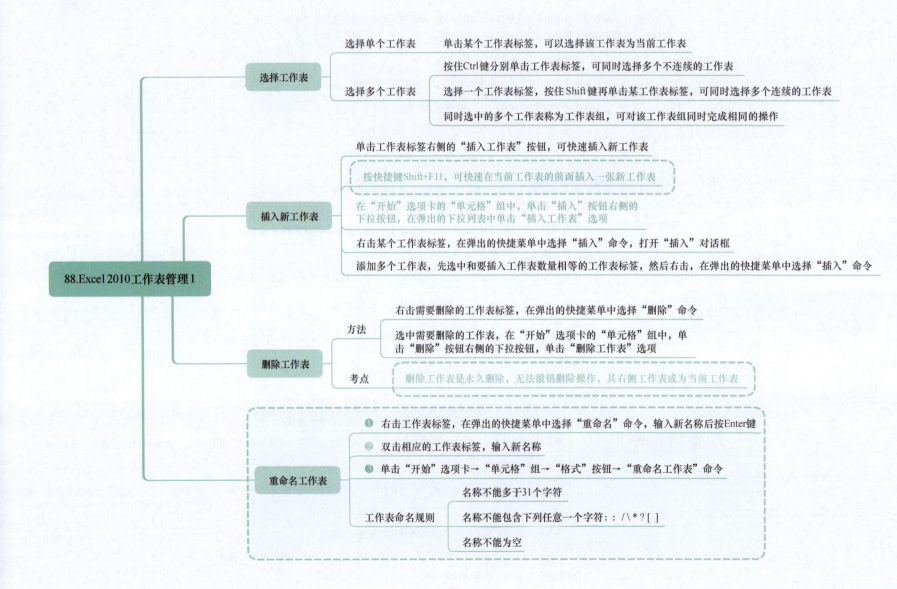

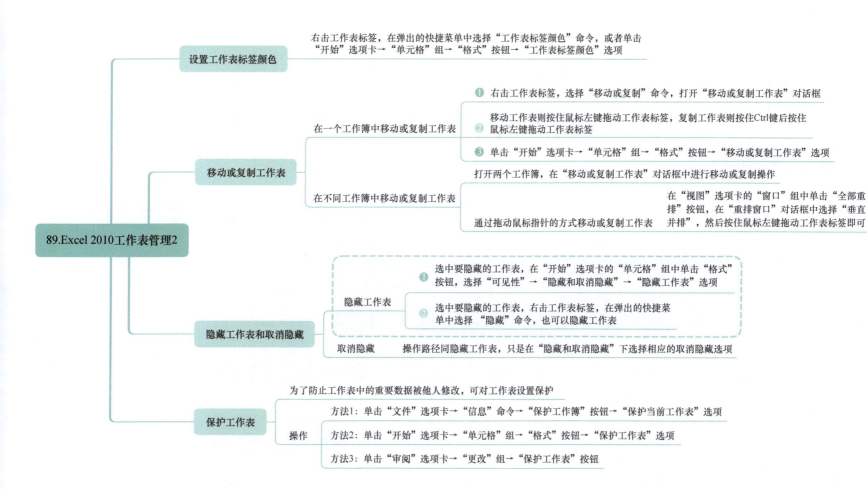

90.Excel 2010单元格输入数据1

- **数据类型**：文本（或字符）、数字（或数值）、日期和时间、公式与函数等

- **在单元格中输入或编辑的常用方式**
  - 单击需要输入数据的单元格，直接输入数据，输入的内容会显示在单元格和编辑框中
  - 单击单元格，然后单击编辑框，在编辑框中输入或编辑当前单元格中的数据
  - 双击单元格，移动光标到所需位置，即可进行数据的输入或编辑
  - 利用记忆功能输入数据：当输入的数据起始字符与该列其他单元格的起始字符相同时，会显示建议数据，按 Enter 键可自动输入建议数据
  - 多个单元格输入相同的数据
    - 同一工作表：选中相应的单元格，输入数据，再按快捷键Ctrl+Enter
    - 不同工作表：在一个工作表中选中相应的单元格，按住 Ctrl 键，再选中其他工作表，输入数据，按快捷键Ctrl+Enter
  - 确认输入的方法
    - 单击编辑栏的按钮组中的"输入"按钮确认
    - 按Enter键确认，同时激活当前单元格下方的一个单元格
    - 按Tab键确认，同时激活当前单元格右侧的一个单元格
    - 单击任意其他单元格确认
  - 取消输入或编辑
    - 单击编辑栏的按钮组中的"取消"按钮取消
    - 按Esc键取消
  - 文本（或字符）型数据及其输入
    - 文本可以是字母、汉字、数字、空格和其他符号，数字和非数字的组合均可作为文本型数据处理
    - 文本型数据默认左对齐
    - 一般文字，如汉字、字母等可直接输入
    - 数字、公式等可作为文本输入（如身份证号码、电话号码、以0开头的数据等）
      - 先输入一个半角字符状态下的单引号"'"，再输入相应的字符
      - 数字超过11位时使用科学记数法显示，15位之后的数字的精确度为0

91. Excel 2010单元格输入数据2

数值型数据及其输入

- 数值型数据，包括数字0~9，以及+（正号）、-（负号）、,（千分号）、.（小数点）、/、$、%、E、e等特殊字符
- 数值型数据默认右对齐
- 输入分数时，先输入0和一个空格，再输入分数2/3，即输入"0 2/3"。如果直接输入2/3，则系统将会把它视为日期，即2月3日
- 输入负数时，应先输入负号，或将其置于括号中，如输入"-8"或者"（8）"
- 数字间可以用千位分隔符","隔开，如输入"12,002"
- 单元格中输入超过11位的数字时，Excel会自动使用科学记数法来显示该数字，如输入"1357924681012"，则显示为"1.35792E+12"
- Excel只保留15位数字，超过15位的数字位会被自动转换为0

日期和时间型数据及其输入

- Excel 2010将日期和时间视为数字处理，如将"1900年1月1日"记为"1"
- 日期和时间型数据在单元格中默认右对齐
- 日期分隔符使用"/"和"-"，如"2022/2/16""2022-2-16""16/Feb/2202""16-Feb-2022"都表示2022年2月16日
- 时间分隔符一般使用冒号":"，如7:0:1。如果要基于12小时制输入时间，则在要输入的时间后输入一个空格，然后输入AM或PM，用来表示上午或下午，如3:00 PM
- 如果要输入当天日期，可按快捷键Ctrl+;（分号）；如果要输入当前时间，可按快捷键Ctrl+Shift+;（分号）
- 如果要在单元格中既输入日期又输入时间，则中间必须用空格隔开

92. Excel 2010自动填充数据

使用填充柄填充

填充柄是位于单元格或选定区域右下角的小黑方块。用鼠标指针指向填充柄时，鼠标指针将变为黑十字形状

1. 初值为数值型数据或文本型数据时，按住鼠标左键拖动填充柄可在相应单元格中填充相同数据（即复制填充）。对于数值型数据，若在拖动填充柄的同时按住Ctrl键，可产生自动增1的数字序列

2. 初值为文本型数据和数值型数据的混合体时，则填充时文本不变，数值递增（减）。如果初值为"第1章"，则填充后为"第2章""第3章"等；如果初值为"第一章"，则是复制填充而不是等差序列填充

3. 初值为日期和时间型数据时，按住鼠标左键拖动填充柄，则可在相应单元格中自动填充增1的序列（日期型数据以天为单位，时间型数据以小时为单位）。若在拖动填充柄时按住Ctrl键，则可在相应单元格中填充相同数据

4. 输入任意等差、等比数列 — 选定包含初始值和第二个数值的单元格，按住鼠标左键拖动填充柄，可填充等差数列。也可按住鼠标右键拖动填充柄到目标位置，释放右键，出现快捷菜单，然后选择填充选项

5. Excel自定义序列中的数据可以自动填充
   - 在"自定义序列"对话框中可以自定义序列，如星期，月份，甲、乙、丙、丁等
   - 自定义操作路径："文件"选项卡→"选项"命令→"高级"选项卡→"编辑自定义列表"按钮

使用"系列"命令填充

操作：在"开始"选项卡的"编辑"组中单击"填充"按钮，选择"系列"命令，弹出"序列"对话框

"序列"对话框

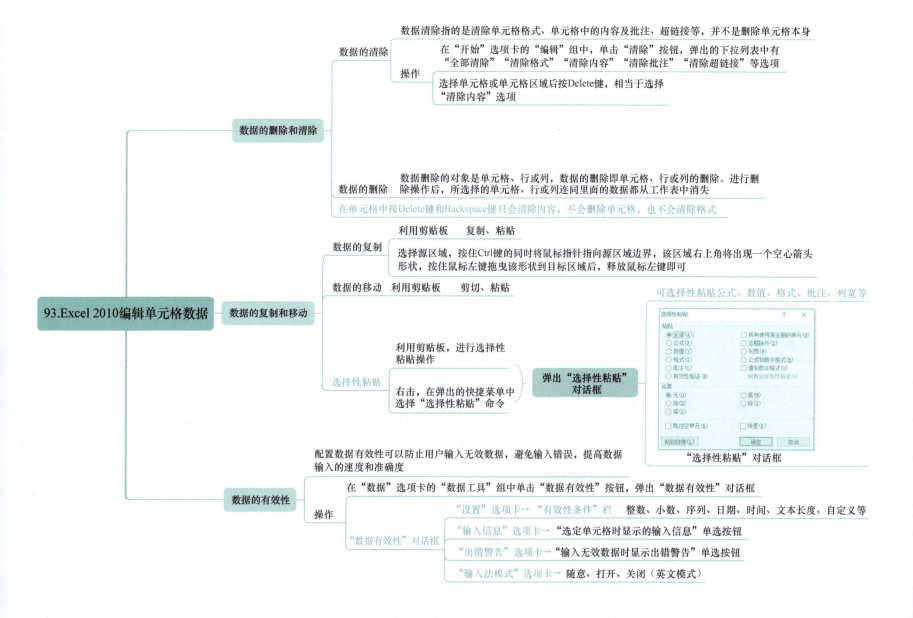

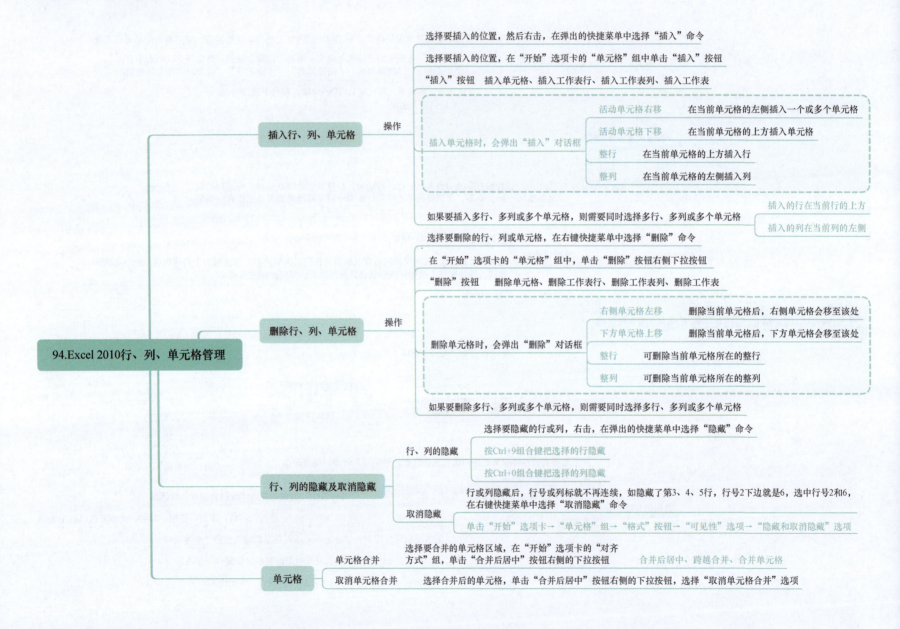

95. Excel 2010格式化工作表

批注
- 批注是附加在单元格中，根据实际需要对单元格中的数据添加的说明或注释。为列标题添加的批注，可以指导用户确定在该列中输入何种数据
- 添加批注：选中需要批注的单元格，在"审阅"选项卡的"批注"组中单击"新建批注"按钮
- 批注的编辑、删除、显示、隐藏：选中目标批注单元格，右击，在弹出的快捷菜单中选择要执行的操作，如"编辑批注""删除批注"等，或者在"审阅"选项卡的"批注"组中单击相应按钮
- Excel批注默认不打印

格式化工作表

格式化单元格及单元格区域

- 主要包括数字（常规、数值、货币、会计专用、日期、时间、百分比、分数、科学记数、文本、特殊、自定义）、对齐、字体、边框、填充和保护

- **操作方法**
  - 在"字体"组中单击右下角的对话框启动器按钮，弹出"设置单元格格式"对话框
  - 选择单元格或单元格区域，右击，将显示浮动工具栏
  - 使用"开始"选项卡的"字体"组、"数字"组、"对齐方式"组、"样式"组中的相关按钮或使用格式刷
  - 使用快捷键Ctrl+1，弹出"设置单元格格式"对话框

- **自定义单元格格式**
  - 0：数字占位符
    - 如果单元格中的数字位数大于占位符位数，则显示实际数字；如果小于占位符的位数，则用0补足
    - 代码：00.000。例如，100.14显示为100.140，1.1显示为01.100
  - #：数字占位符
    - 单元格中只显示有意义的零而不显示无意义的零。小数点后的位数如大于"#"的数量，则按"#"的位数四舍五入
    - 代码：###.##。例如，012.10显示为12.1，012.1263显示为12.13
  - ,：千位分隔符
    - 代码：#,###。例如，10000显示为10,000
  - [颜色]：用指定的颜色显示字符。有8种颜色可选：红色、黑色、黄色、绿色、白色、蓝色、青色和洋红
    - 代码：[青色];[红色];[黄色];[蓝色]
    - 显示结果：正数显示为青色，负数显示为红色，零显示为黄色，文本则显示为蓝色
  - 日期
    - 代码：YYYY-MM-DD。例如，2021年12月10日显示为2021-12-10
    - 代码：YY-M-D。例如，2021年12月10日显示为21-12-10

设置单元格的行高和列宽
① 按住鼠标左键拖动行号和列标的框线
② 双击行号和列标的框线
③ 通过对话框实现：在"开始"选项卡的"单元格"组中单击"格式"按钮，在弹出的下拉列表中单击"列宽"或"行高"选项，在弹出的对话框中输入相应数值即可
④ 复制列宽：在原列复制，选择目标列，打开"选择性粘贴"对话框，单击"列宽"选项

条件格式
- 根据条件使用数据条、色阶和图标集，以突出显示相关单元格，强调异常值，以及实现数据的可视化效果
- 在"开始"选项卡的"样式"组中单击"条件格式"按钮
  - 突出显示单元格规则
  - 项目选取规则
  - 数据条、色阶、图标集
  - 清除规则、管理规则、新建规则

套用表格格式
选择需要套用格式的单元格或单元格区域，在"开始"选项卡的"样式"组中单击"套用表格格式"按钮
浅色、中等深浅、深色

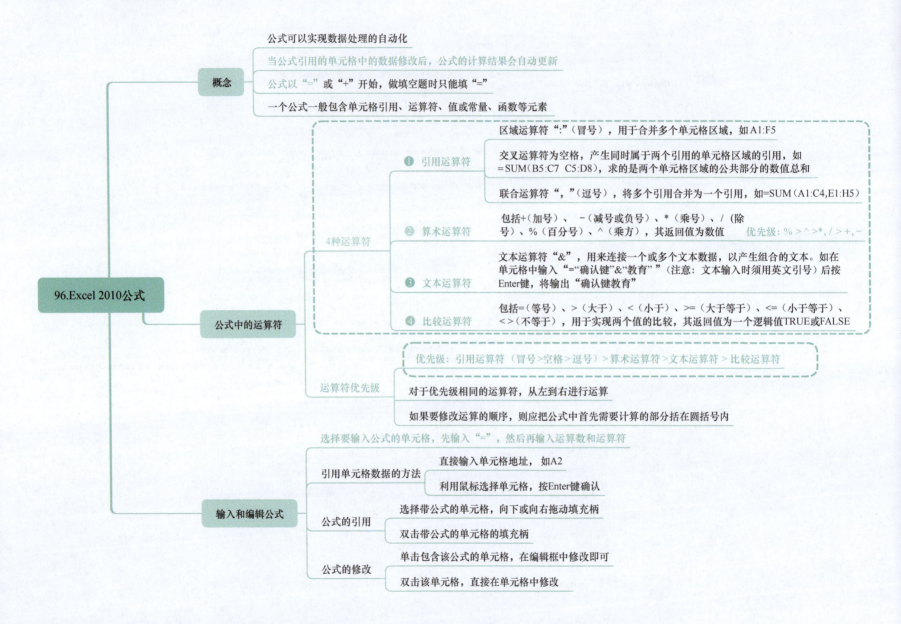

97.Excel 2010函数1

- **函数的组成与分类**
  - 函数的结构：函数名(参数1,参数2,……)
  - 函数的分类：数据库函数、日期与时间函数、工程函数、财务函数、信息函数、逻辑函数、查询和引用函数、数学和三角函数、统计函数、文本函数、用户自定义函数等

- **函数的输入与使用**
  - 手工输入函数时，须先输入"="
  - 使用"插入函数"对话框
    - ① 在"公式"选项卡的"函数库"组中，单击"插入函数"按钮
    - ② 单击编辑框中的"插入函数"按钮
    - ③ 使用快捷键Shift+F3

- **常考的函数**
  - **求和函数SUM**
    - 如=SUM(A1:A3,B1:B3,2,TRUE)
    - 单条件求和函数的语法结构：SUMIF(条件区域,条件,求和区域)　如=SUMIF(A2:A5,">1600",B2:B5)
    - 多条件求和函数的语法结构：SUMIFS(求和区域,条件区域1,条件1,条件区域2,条件2,……)
  - **求平均值函数AVERAGE**
    - 平均值函数　如=AVERAGE(C2:C8)
    - 单条件平均值　如=AVERAGEIF(B2:B5,"<2300",C2:C5)，条件区域及条件在前，求平均值区域在后
    - 多条件求平均值
      - 语法结构：AVERAGEIFS(计算数据区域,条件区域1,条件1,条件区域2,条件2,……)
      - 如=AVERAGEIFS(G3:G16,B3:B16,"手机",G3:G16,">=4000")
  - **COUNT函数**：统计单元格区域中数字单元格的个数，如=COUNT(A1:A8)
  - **COUNTIF函数**
    - 统计区域中满足给定条件的单元格的个数
    - 语法结构：COUNTIF(range,criteria)，如=COUNTIF(B2:B11,"男生")，用于计算B2:B11单元格区域中男生的人数
  - **COUNTA函数**：如=COUNTA(range)，用于统计单元格区域中非空单元格的个数
  - **RANK函数**
    - 语法结构：RANK(number,ref,order)，其中，number为需要找到排位的数字；ref为查找范围；order为0或省略，表示降序，为1表示升序
    - 如=RANK(G2,$G$2:$G$11)，用于计算G2单元格中的数据在G2:G11单元格区域中的排位
    - RANK函数对重复数的排位相同，但重复数的存在会影响后续数值的排位
    - 参数里的number通常是相对引用，ref通常是绝对引用
  - **MAX和MIN函数**：用于求解数据集的最大值或最小值　语法结构：MAX(number1,number2,……)　MIN(number1,number2,……)
  - **AND和OR函数**
    - 语法结构：AND(logical1,logical2,……)　OR(logical1,logical2,……)
    - 对于AND函数，所有参数的逻辑值为真时，返回TRUE，否则返回FALSE
    - 对于OR函数，所有参数的逻辑值为假时，返回FALSE，只要有一个为真就返回TRUE

98. Excel 2010函数2

常用的函数

- **IF函数**
  - 如果指定条件的计算结果为TRUE，则IF函数将返回某个值；如果该条件的计算结果为FALSE，则返回另一个值
  - IF函数的语法结构：IF(logical_test, [value_if_true], [value_if_false])，如 =IF(A1>=60,"及格","不及格")

- **ROUND函数**
  - 语法结构：ROUND(number1,number2)，用于把number1四舍五入到number2位小数，如 =Round(3.146,2)，其结果为3.15

- **INT函数**
  - 用于将数字向下舍入到最接近的整数，如 =INT(8.9) 的结果是8，=INT(-8.9) 的结果是-9

- **字符串提取函数**（提取后不改变原字符串顺序）
  - **LEFT函数**：语法结构：LEFT(text,num_chars)，如=LEFT(A1,2)，用于从左往右提取字符串
  - **MID函数**：语法结构：MID(text,start_num,num_chars)，用于从左边第start_num个字符开始提取num_chars个字符
  - **RIGHT函数**：语法结构：RIGHT(text,num_chars)，如=RIGHT(A1,2)，用于从右往左提取字符串

- **VLOOKUP函数**
  - 语法结构：VLOOKUP(查找对象，查找范围，返回列号，精确/模糊)
  - 主要用于查询、查找，如=VLOOKUP(B2,$F$3:$H$14,2,FALSE)
  - 在F3:H14单元格区域中查找B2单元格中的数据，返回单元格区域中第2列的数据。FALSE或0代表精确查找

- **ABS函数**
  - 用于返回数字的绝对值。一个数字的绝对值是该数字不带符号的形式　　如"=ABS(-2)"的返回结果是2

- **YEAR函数**
  - 用于返回某个日期的年份(公历)　　如A3单元格中的内容是日期2022-8-2，则"=YEAR(A3)"的返回结果是2022

- **MONTH函数**
  - 用于返回以序列数表示的某日期中的月份。月份是1~12的整数　　如A3单元格中的内容是日期2022-8-2，则"=MONTH(A3)"的返回结果是8

- **DAY函数**
  - 用于返回以序列数表示的某日期的天数。天数是1~31的整数　　如A3单元格中的内容是日期2022-8-2，则"=DAY(A3)"的返回结果是2

- **MOD函数**
  - 用于返回两数相除的余数。结果的符号与除数相同　　"=MOD(3,2)"的返回结果是1，"=MOD(3,-2)"的返回结果是-1

- **TODAY函数**：用于返回当前日期

- **NOW函数**：用于返回当前日期和时间

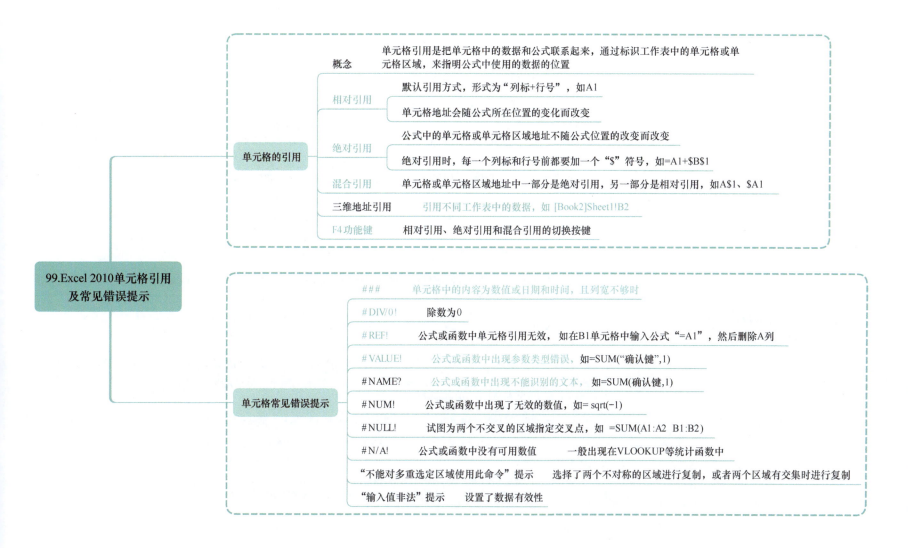

100. Excel 2010 函数引用及混合运算

公式或函数的引用

- **复制公式或函数**：绝对引用不变，相对引用或混合引用中的相对部分会根据引用位置的改变而改变
  - 如果A1单元格中的公式是"=B3+C4"，则将此公式复制到B2单元格后将变成（　）。 答案：=C4+D5

- **剪切、移动公式或函数**：引用的公式或函数不变

- **添加行**：公式或函数中的相关行下移
  - 在D5单元格中有公式"=$B$2+D4"，这时在第1行后插入一行，则D6单元格中的公式为（　）。 答案：=$B$3+D5

- **删除行**：公式或函数中的相关行上移
  - 在工作表中，A1单元格中有公式"=SUM(C2:D7)"，删除第5行后，则A1单元格中的公式将调整为（　）。 答案：=SUM(C2:D6)

- **添加列**：相关列右移或左移
  - 在D5单元格中有公式"=$B$2+D4"，在第B列左侧插入一列，则E5单元格中的公式为（　）。 答案：=$C$2+E4

- **删除列**：相关列右移或左移
  - 在E5单元格中有公式"=$C$2+E4"，删除B列，则D5单元格中的公式为（　）。 答案：=$B$2+D4

- 单元格中显示的是函数的结果，编辑框中显示的是函数（或公式），使用快捷键 Ctrl+`（重音符）可切换单元格中显示的内容

- **讨论**：设A1单元格中有公式"=SUM(B2:D5)"，在C3单元格位置插入一列后再删除下一行，则A1单元格中的公式变为（　）。 答案：=SUM(B2:E4)

混合运算

- 逻辑值直接作为函数的参数参与运算，如"=SUM(TRUE,FALSE,1)"的运算结果是2，此时TRUE是1，FALSE是0

- 逻辑值在单元格中，函数引用单元格名称，则该逻辑值忽略不计。例如，A1单元格中有逻辑值TRUE，则"=SUM(A1,1)"的运算结果是1

- 数字字符串直接作为函数的参数参与运算，如"=SUM("4",TRUE,3)"的运算结果是8

- 数字字符串在单元格中，函数引用单元格名称，则该数字字符串忽略不计算
  - 若A1:A3单元格区域中的内容分别为"4"、TRUE、3，则公式"=SUM(A1:A3,6)"的运算结果为9

- **讨论**：在 Excel 2010 中，A1、B1、C1单元格中的内容分别是TRUE、0、6，其余单元格的内容为空，D3=AVERAGE(A1:C2)，则D3单元格将显示的值是（　）。 答案：3

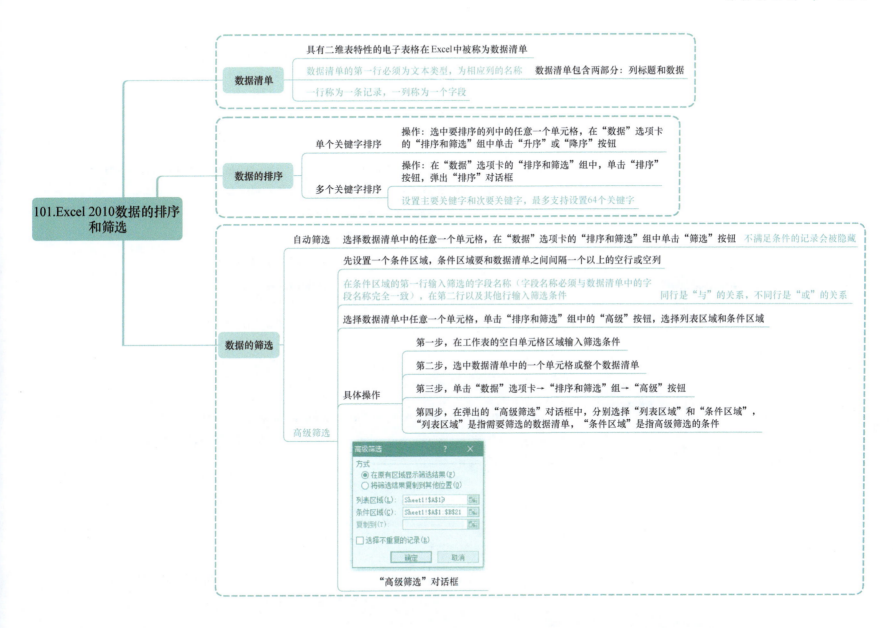

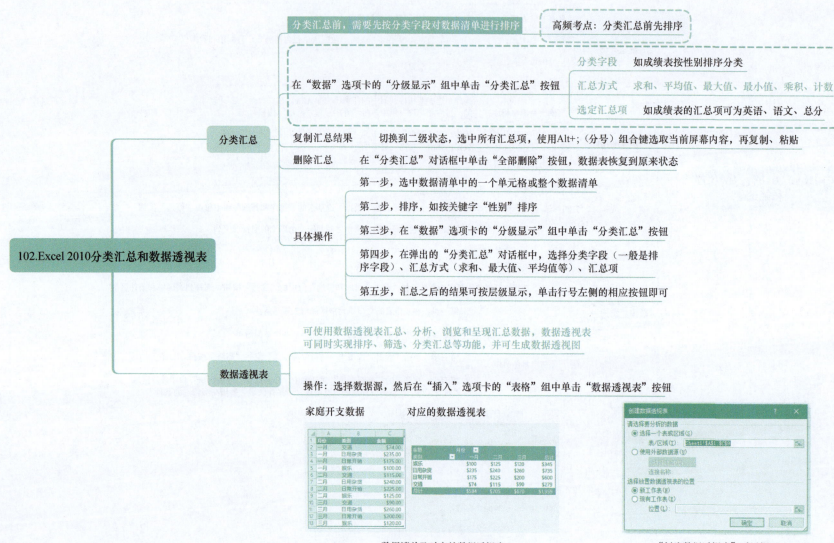

数据清单及对应的数据透视表　　　　　　"创建数据透视表"对话框

103.Excel 2010合并计算和模拟分析

- **获取外部数据**
  - 可将Access、文本文件、SQL Server、XML等多种形式存储的数据转换到Excel工作表中
  - 操作路径："数据"选项卡→"获取外部数据"组

- **合并计算**
  - "合并计算"功能可以汇总或者合并多个数据源区域中的数据
  - 数据源区域可以是同一工作表中的不同单元格区域，也可以是同一工作簿中不同工作表中的数据，还可以是不同工作簿中的工作表数据
  - 按类别合并计算
    - 在"数据"选项卡的"数据工具"组中单击"合并计算"按钮
    - 数据源区域必须包含行或列标题，在"合并计算"对话框的"标签位置"中勾选相应复选框
    - 将不同的行或列的数据根据标题进行分类合并，相同标题的数据合并成一条记录，不同标题的数据形成多条记录
    - 按列标题分类合并计算时，则勾选"首行"复选框；按行标题分类合并计算时，则勾选"最左列"复选框；同时按行标题和列标题分类合并计算时，则同时勾选"首行"和"最左列"复选框
  - 按位置合并计算：在按类别合并计算中，不勾选"首行"和"最左列"复选框
  - 注意
    - 合并方式默认是求和，也可以选择平均值计数等其他合并方式
    - 合并的结果表中包含行或列标题，但在同时勾选了"首行"和"最左列"复选框时，所生成的合并结果表会缺失第一列的标题
    - 结果表中的数据项是按照第一个数据源工作表中的顺序进行排序的

- **模拟分析**
  - 通过更改单元格中的值来查看这些更改对工作表中公式结果的影响
  - 3种模拟分析工具
    - 方案管理器：创建不同的值或方案组，进行对比和切换
    - 模拟运算表：如每月还款计算实例
    - 单变量求解：根据结果来确定可能的输入值

104. Excel 2010图表

图表简介

- **图表**
  - 图表就是工作表单元格中数据的图形化表示
  - 工作表中的数据发生变化时，图表中对应项的数据系列自动变化；改变图表中的数据系列时，与系列对应的工作表数据则不变
- **图表的分类**：嵌入式图表、独立图表
- **图表的组成**
  - 图表区：图表的所有组成部分都在图表区内
  - 绘图区：绘图区是图表的核心，包括数据系列、坐标轴、网格线、坐标轴标题和数据标签等
  - 图例：用于标识当前图表中各数据系列所代表的意义，由图例项和图例项标识组成
  - 数据系列
    - 数据系列对应工作表中的一行或者一列数据
    - 一个图表中可以包含一个或多个数据系列，每个数据系列都有唯一的颜色或图表形状，并与图例相对应
  - 坐标轴：绘制图表数据系列大小的参考框架
  - 图表标题、水平轴标题、垂直轴标题
  - 数据标签：在数据系列的数据点上显示的与数据系列对应的实际值
  - 网格线：为方便对比各数据点值的大小而设置的水平参考线

使用图表

图表的创建与编辑

- **创建图表**
  - 先将活动单元格置于创建图表的数据清单内，或选择要创建图表的单元格区域
  - 操作
    - 启动"插入图表"对话框，或使用快捷键 Alt+I+H，或在"插入"选项卡中单击"图表"组右下角的对话框启动按钮
    - 在"插入"选项卡的"图表"组中选择一种图表类型
  - 图表类型：柱形图、折线图、饼图、条形图、面积图、XY(散点图)、股价图、曲面图、圆环图、气泡图、雷达图

- **图表编辑**
  - 更改图表的布局及样式：选择图表，在"图表工具"的"设计""布局""格式"选项卡中进行更改
  - 更改图表类型：在"图表工具/设计"选项卡的"类型"组中，单击"更改图表类型"按钮，弹出"更改图表类型"对话框
  - 改变图表存放位置
    - 创建的图表默认是嵌入式图表，即图表默认和工作表放置在一起
    - 若要改为独立图表，则在"图表工具/设计"选项卡的"位置"组中单击"移动图表"按钮
  - 修改图表数据源
    - ①"选择数据源"对话框：在"图表工具/设计"选项卡的"数据"组中单击"选择数据"按钮
    - ②选择图表的绘图区，用鼠标拖动工作表中蓝色边框的4个角
  - 改变数据系列产生的方向：在"图表工具/设计"选项卡的"数据"组中单击"切换行/列"命令
  - 改变图表大小
    - ①在"图表工具/格式"选项卡的"大小"组中，设置图表的高度和宽度
    - ②将鼠标指针指向图表的4个角之一，当鼠标指针变成双向箭头时，按住左键拖曳

- **格式化图表**：选择图表，在"图表工具/格式"选项卡中格式化图表

- **迷你图**：以一个图表的形式在一个单元格中显示指定单元格范围内的一组数据的变化。 3种迷你图：折线图、柱形图、盈亏图

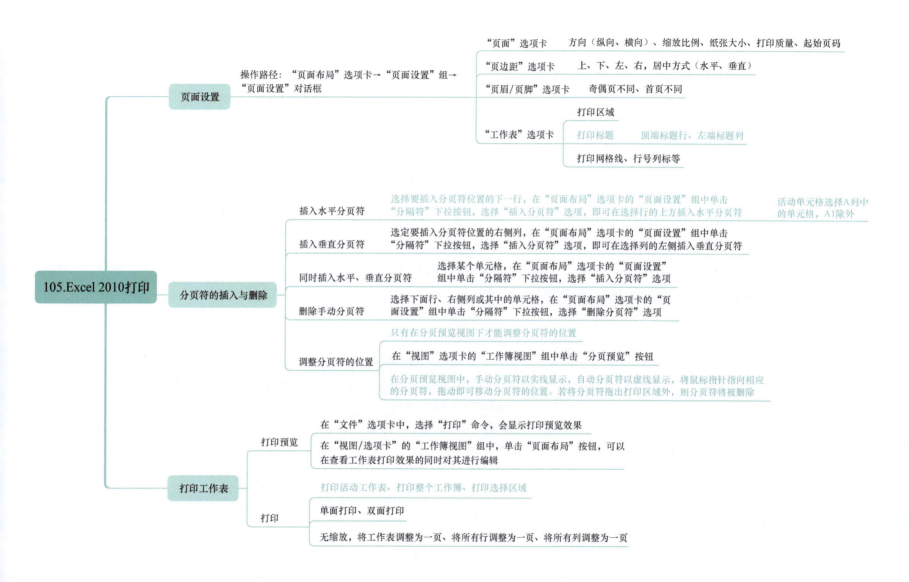

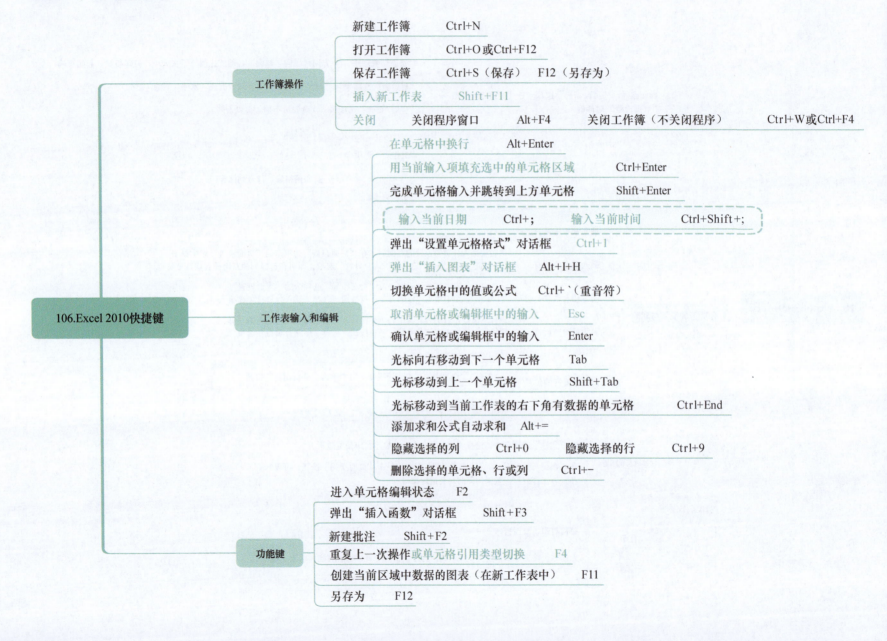

107. PowerPoint 2010基础知识

演示文稿的基本概念

- **幻灯片**：幻灯片（slide）是演示文稿的组成元素，一个演示文稿文件由一张或多张幻灯片组成
- **演示文稿**：又称PowerPoint文件，2003版默认扩展名是.ppt，2007版之后的默认扩展名是.pptx
- **占位符**：
  - 占位符是一种带有虚线边缘的框，在该框内可以放置标题及正文，或者图表、表格和图片等对象
  - 占位符只能在母版视图里设置
  - 插入占位符：占位符包括内容、文本、图片、图表、表格、SmartArt、媒体、剪贴画等多种形式
  - 幻灯片里不可以直接输入文字，需要借助占位符、形状、文本框、艺术字等对象

演示文稿的启动与退出

- **启动**：
  - 方法1：单击"开始"→"所有程序"→"Microsoft Office"→"Microsoft PowerPoint 2010"选项
  - 方法2：双击PowerPoint 2010的快捷方式图标
  - 方法3：双击扩展名为.ppt 或.pptx 的文档。利用系统的文件关联功能启动PowerPoint 2010 打开该文档
- **退出**：
  - 方法1：单击"文件"选项卡→"退出"命令
  - 方法2：单击程序右上角的关闭按钮
  - 方法3：在标题栏中双击控制按钮，或者在标题栏的空白处单击鼠标右键，在快捷菜单中选择"关闭"命令
  - 方法4：使用快捷键Alt+F4可关闭程序窗口，使用快捷键Ctrl+W或Ctrl+F4只能关闭文稿而不能关闭该程序窗口
- 退出时如果有未保存的内容，会弹出对话框提示用户保存

演示文稿的窗口组成

- **快速访问工具栏**：保存、撤销、恢复等
- **选项卡**：开始、插入、设计、切换、动画、幻灯片放映、审阅、视图
- **工作区**：
  - "幻灯片/大纲"窗格
  - 幻灯片编辑窗格
  - 备注窗格：可以为每张幻灯片添加备注信息
- **任务窗格**：用于显示某一特定功能的命令（如动画窗格）
- **状态栏**：
  - 视图指示器（如"幻灯片第1张，共3张"）、视图快捷方式、显示比例等
  - 视图切换按钮：共4个，分别是"普通视图""幻灯片浏览""阅读视图""幻灯片放映"按钮

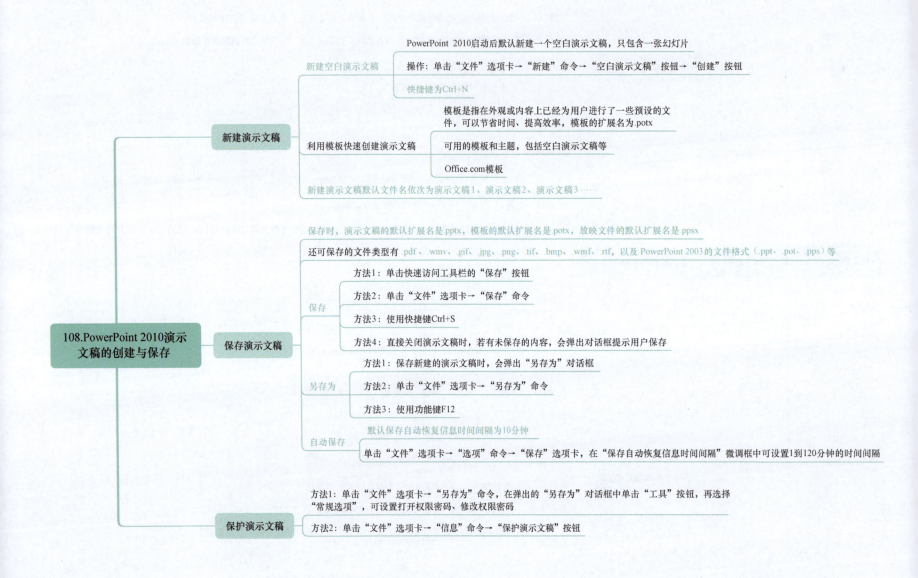

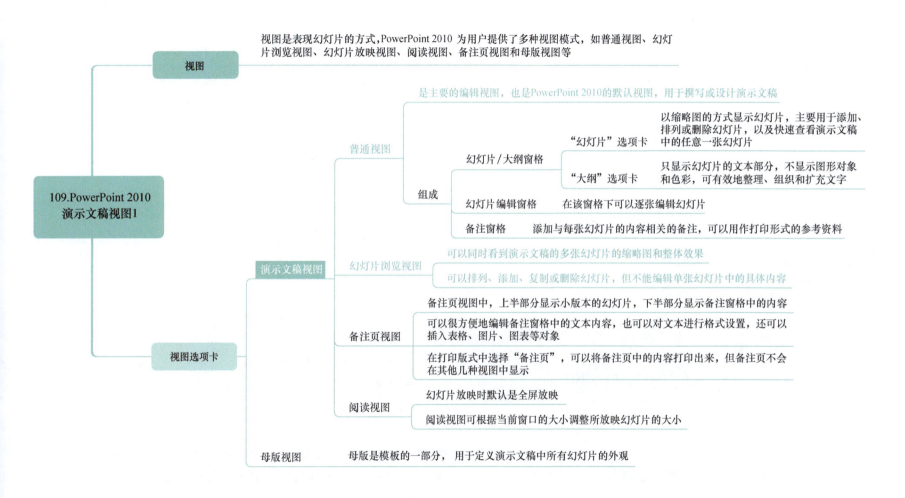

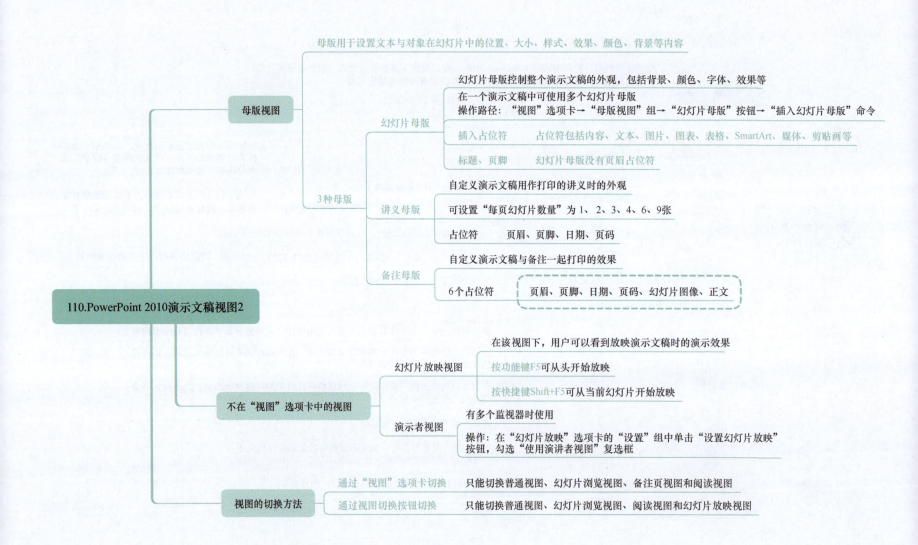

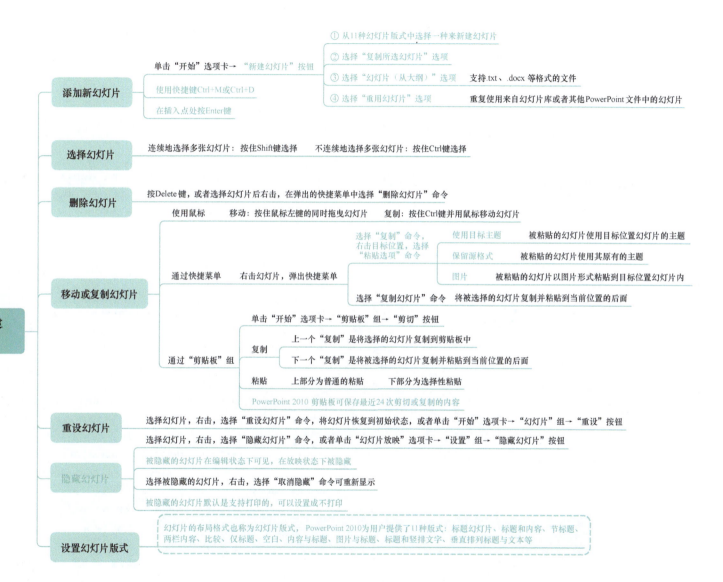

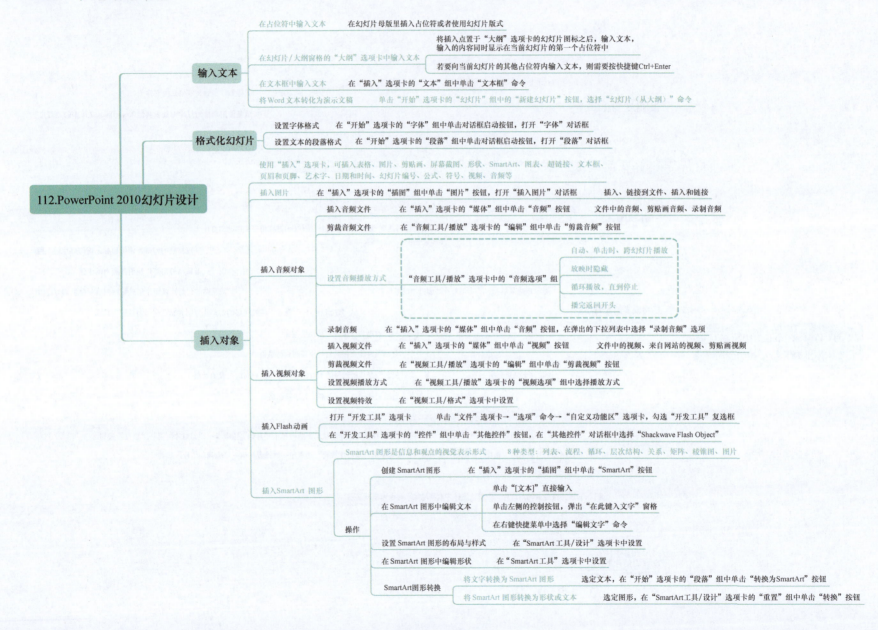

113. PowerPoint 2010 幻灯片外观的修饰

用"节"管理幻灯片

"节"是PowerPoint 2010中新增加的功能,当演示文稿中包含的幻灯片较多时,使用节管理幻灯片可以实现对幻灯片的快速导航,还可以对不同节的幻灯片设置不同的背景、主题等

操作

- **新增节**
  - 默认一个演示文稿只有一个节
  - 方法1:在"幻灯片/大纲"窗格中,选择幻灯片,右击,在快捷菜单中选择"新增节"命令,默认节是"无标题节"
  - 方法2:在"开始"选项卡的"幻灯片"组中单击"节"按钮→"新增节"选项
- **编辑节**:在节标题上右击 — 在弹出的快捷菜单中可以选择"重命名节""删除节""向上移动节""向下移动节"等命令

作用

- 可以将一页或多页幻灯片创建为一节
- 可以使用节来组织幻灯片
  - 不同的节中的幻灯片,可以设置不同的背景、主题、切换效果
  - 不同的节中的幻灯片方向必须相同,不能设置不同方向

幻灯片外观的修饰

背景

- **设置幻灯片背景**
  - 在"设计"选项卡的"背景"组中单击"背景样式"按钮
  - 右击幻灯片,在弹出的快捷菜单中选择"设置背景格式"命令,在弹出的"设置背景格式"对话框中进行设置
  - 背景设置方式   纯色填充、渐变填充、图片或纹理填充、图案填充
  - 背景设置默认是被选择的幻灯片的设置,也可以单击"全部应用"按钮
- **设置备注页或讲义背景**:在"视图"选项卡的"母版视图"组中单击"备注母版"或"讲义母版"按钮,再通过单击"背景样式"按钮进行设置

主题

主题是演示文稿的颜色搭配、字体格式化和一些特效命令的集合,使用主题可以简化演示文稿的创作过程。PowerPoint 2010提供24种主题

在"设计"选项卡的"主题"组中,可以直接应用主题或自定义主题   主题选项:颜色、字体、效果

母版

母版是一种特殊的幻灯片,用来定义演示文稿中所有幻灯片的格式,主要包括文本与对象在幻灯片的位置、占位符的大小、文本样式、效果、主题颜色、背景等信息

操作路径:"视图"选项卡→"母版视图"组   幻灯片母版、讲义母版、备注母版

例题:在所有幻灯片的相同位置插入确认键教育Logo的操作步骤有哪些?

模板

模板是系统预先定义好的演示文稿的样式和风格,包括预先定义好的文本、页面结构、文本格式、标题格式、主题颜色、背景图形等。用户只需要简单修改各张幻灯片的内容,便可以快速完成演示文稿的制作

例题

影响幻灯片外观的因素包括哪些?

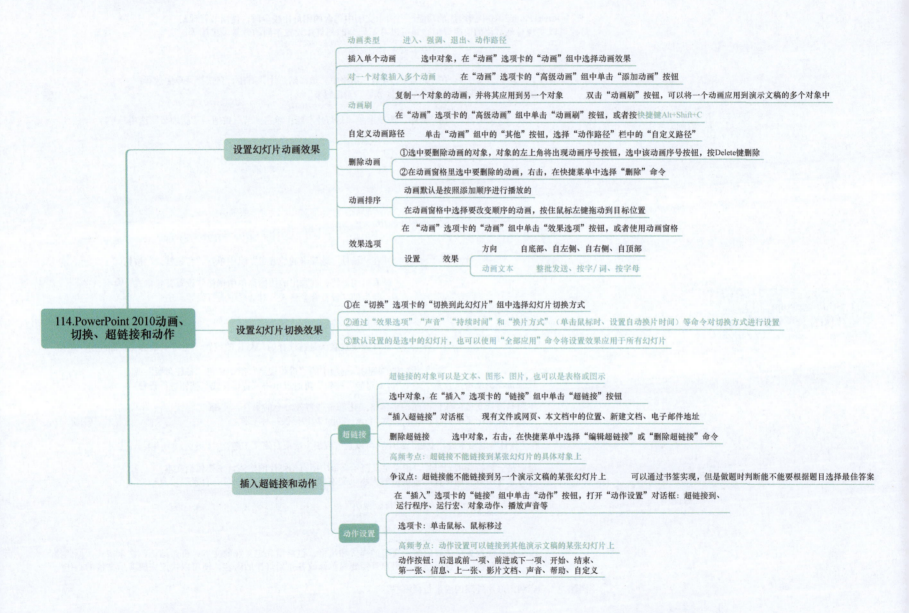

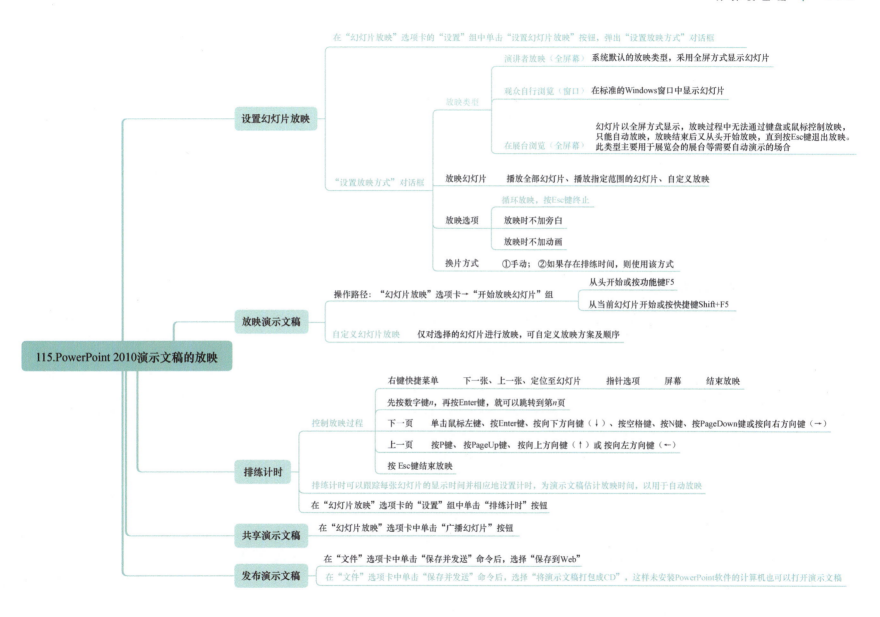

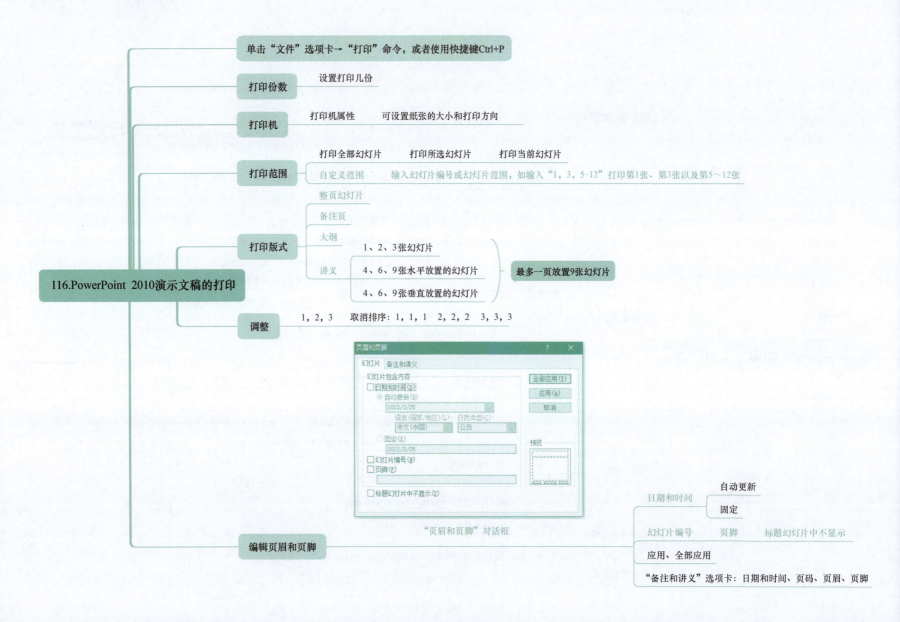

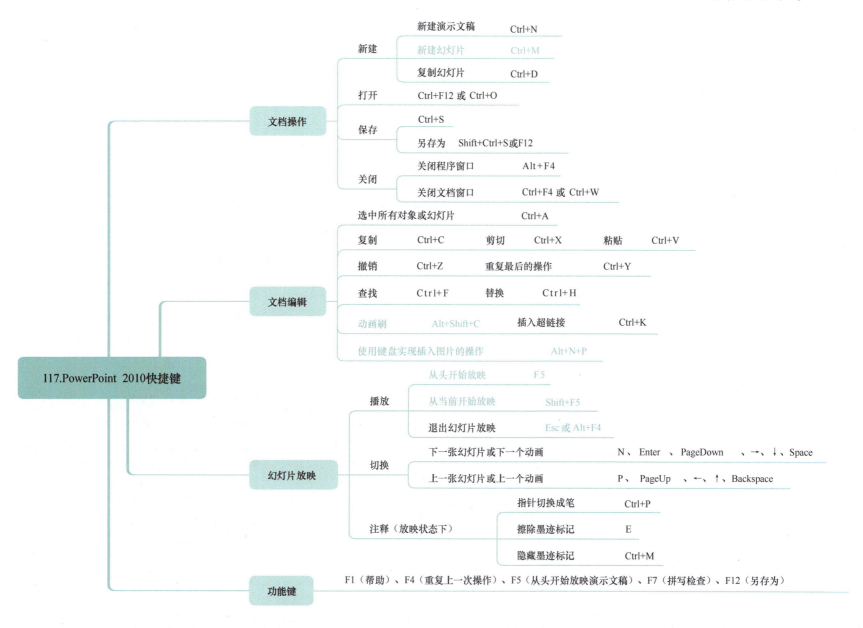

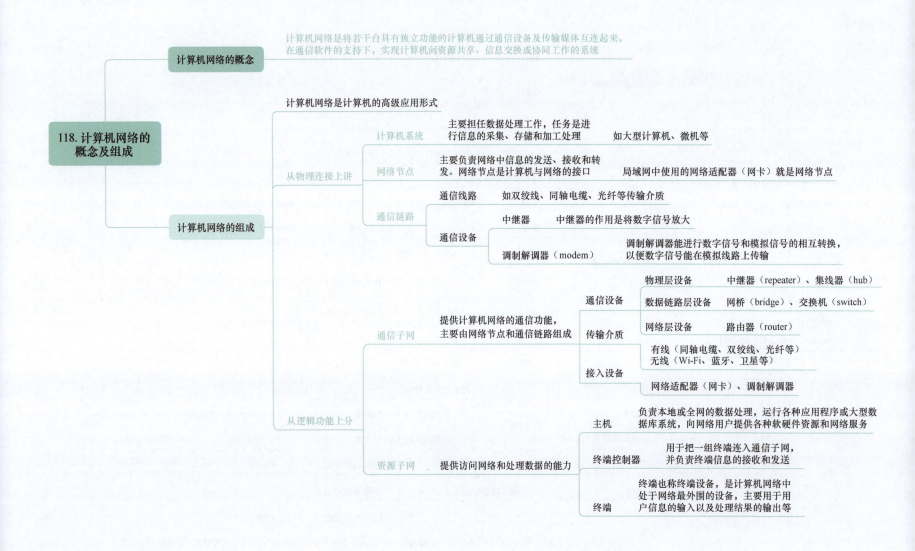

119.计算机网络的分类1

按网络的覆盖范围划分

局域网（Local Area Network，LAN）
- 覆盖范围从几百米到几千米，通常用于连接一个房间、一层楼或一座建筑物
- 特点
  1. 覆盖的地理范围较小，传输速率高，通信延迟时间短，可靠性较高
  2. 局域网可以支持多种传输介质，建设成本低
  3. 建网、维护和扩展等较容易，系统灵活性高
- 以太网和Wi-Fi是当前应用最普遍的局域网技术
- 内网的计算机通过公共的网关以NAT（Network Address Translation，网络地址转换）协议访问Internet
- 局域网IP地址　A类：10.0.0.0～10.255.255.255　B类：172.16.0.0～172.31.255.255　C类：192.168.0.0～192.168.255.255

城域网（Metropolitan Area Network，MAN）
- 是在一个城市范围内所建立的计算机通信网，其作用范围介于局域网和广域网之间
- 用于连接不同城市的LAN或MAN

广域网（Wide Area Network，WAN）
- 是连接不同地区的局域网或城域网的远程计算机通信网，通常能跨越很大的物理范围，所覆盖的范围从几千米到几千米。它能互联多个地区、城市和国家，甚至可横跨几个洲提供远距离通信，形成国际性的远程网络
- 广域网并不等同于Internet（因特网，也称互联网），Internet是最大的广域网

个人局域网（Personal Area Network，PAN）
- 短距离无线通信技术
- 实现PAN所需的技术　　Bluetooth、IrDA、Home RF、ZigBee与UWB（Ultra-Wideband Radio，超宽带）等

按传输介质划分

有线网
- 双绞线
  - 概念　双绞线是综合布线工程中一种最常用的传输介质，由两根具有绝缘保护层的铜导线组成
  - 特点　与其他传输介质相比，双绞线在传输距离、信道宽度和数据传输速度等方面均受到一定限制，但价格较为低廉
- 同轴电缆　特点　容易安装、造价较低、网络抗干扰能力强，但维护和扩展困难、断点较多，影响系统的可靠性
- 光纤
  - 特点　传输距离远、传输率高、抗干扰能力强、安全好用，但成本高
  - 可传输光信号（模拟信号）、电信号（数字信号）

无线网
- 主要以无线电波或红外线为传输介质，另外卫星数据通信也属于无线网
- 联网方式灵活方便，但联网费用较高，可靠性和安全性还有待完善

按网络的使用性质划分
- 公用网（Public Network）　如电信网、广电网、联通网
- 专用网（Private Network）　某个部门根据本系统的特殊业务需求而建造的网络，一般不对外提供服务，如军队、政府、银行、电力等系统的网络

120. 计算机网络的分类2

按网络的拓扑结构划分

- **总线拓扑**
  - 优点：结构简单、布线容易、站点扩展灵活方便、可靠性高
  - 缺点：故障检测和隔离较困难，总线负载能力较低

- **星形拓扑**
  - 优点：传输速度快，误差小，扩容比较方便，易于管理和维护，故障的检测和隔离也很方便
  - 缺点：中央节点是整个网络的瓶颈，必须具有很高的可靠性，中央节点一旦发生故障，整个网络会瘫痪；耗费电缆多

- **环形拓扑**
  - 优点：容易安装和监控，最大传输延迟时间是固定的，传输控制机制简单，实时性强
  - 缺点：网络中任何一台计算机故障都会影响整个网络的正常工作，故障检测比较困难，节点增删不方便

- **树状拓扑**
  - 树状拓扑是星形拓扑的一种变形
  - 优点：在扩容和容错方面有很大优势，容易将错误隔离在小范围内
  - 缺点：依赖根节点，根节点出故障则整个网络会瘫痪

- **网状拓扑**
  - 网状拓扑通常用于广域网中
  - 优点：节点间路径多，可靠性高，扩充入网灵活方便
  - 缺点：结构和协议复杂，建网成本高

- **混合型拓扑**
  - 两种或两种以上的拓扑结构同时使用
  - 优点：可以对网络的基本拓扑取长补短
  - 缺点：网络配置难度大

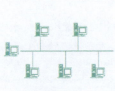
总线拓扑

星形拓扑

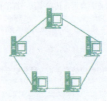
环形拓扑

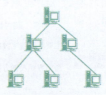
树状拓扑

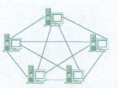
网状拓扑

121.计算机网络的性能指标及功能

网络性能指标

- **数据传输速率**
  - 数据传输的有效性指标
  - 每秒传输的二进制位数，单位为比特每秒，记作bit/s。兆比特每秒，即 1Mbit/s=10^6bit/s

- **误码率**
  - 数据传输的可靠性指标
  - 在传输的比特总数中发生差错的比特数与传输的比特总数的比值

- **带宽**
  - 在单位时间内，网络中的某信道所能通过的网络数据量。带宽的单位是bit/s。带宽用来表示网络中通道传送数据的能力
  - 在模拟信道中，用带宽表示信道传输信息的能力，即通信信道允许通过信号频率的范围，体现为最高频率和最低频率之差，单位是赫兹（Hz）

- **吞吐量**　表示在单位时间内通过某个网络或信道、接口的实际的数据量

- **时延**　数据从网络的一端到达另一端所需要的时间

计算机网络的功能

- **数据通信**
  - 计算机网络的基本功能
  - 用于实现计算机之间的信息传送
  - 收发电子邮件，发布新闻、消息，进行电子商务、远程教育、远程医疗，传递文字、图片、声音、视频等信息

- **资源共享**
  - 计算机网络的主要功能
  - 计算机资源主要是指计算机的硬件、软件和数据资源
  - 共享硬件资源、软件资源、数据资源

- **分布式处理**　对于综合性的大型科学计算和信息处理问题，可以采用一定的算法，将任务分给网络中不同的计算机，以达到均衡使用网络资源、实现分布式处理的目的

- **提高系统的可靠性**　计算机通过网络中的冗余部件，尤其是借助虚拟化技术可大大提高网络可靠性

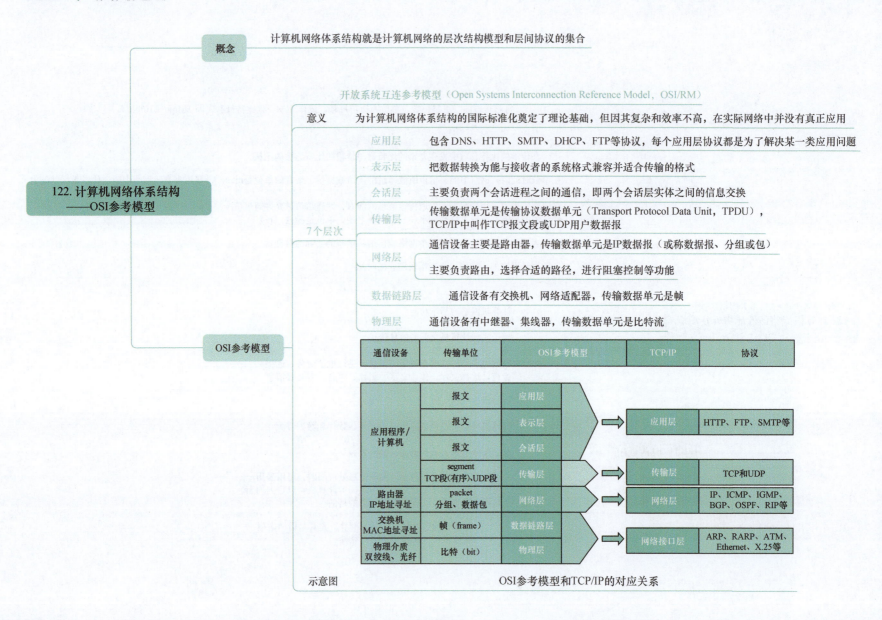

123. 计算机网络体系结构——TCP/IP

TCP/IP（Transmission Control Protocol/Internet Protocol，传输控制协议/互联网协议）是指能够在多个不同网络间实现信息传输的协议簇。TCP/IP不仅仅指TCP和IP两个协议，而是指一个由FTP、SMTP、TCP、UDP、IP等协议构成的协议簇

- **应用层**
  - 规定了运行在计算机上的应用程序之间如何通过互联的网络进行通信。不同的应用使用不同的应用层协议，如发送邮件程序使用SMTP，Web浏览器使用HTTP等
  - 服务器端各应用进程端口号：FTP对应21，Telnet对应23，DNS对应53，HTTP对应80，HTTPS对应443

- **传输层**
  - 传输层为应用进程之间提供端到端的逻辑通信
  - 可以提供可靠的、面向连接的服务，其数据传输单位是报文段（segment），如电子邮件的发送和网页的下载等
  - 用户数据报协议（User Datagram Protocol，UDP）可以提供无连接的、尽最大努力的数据传输服务（不保证数据传输的可靠性），其数据传输单位是用户数据报，如音频和视频的传输等

- **网络层**
  - 网络层（又称网际层）规定了网络中的计算机统一使用的编址方案和数据包格式（即IP数据报），以及怎样将IP数据报从一台计算机通过一个个路由器送达最终目的地的转发机制
  - 地址解析协议（Address Resolution Protocol，ARP）归属于网络层，用途是从网络层使用的IP地址中解析出在数据链路层使用的硬件地址（有的教材将ARP归属在数据链路层）

- **网络接口层**
  - 它规定了各种不同的物理网络（如以太网、帧中继网等）的接口，负责把IP包转换成适合在物理网络中传输的数据帧格式

- **数据交换方式**
  - 电路交换：线路时延小，但是线路利用率低，如电话
  - 报文交换：线路可靠性高、线路利用率高，但不适合会话型和实时性要求较高的业务，如E-mail
  - 分组交换：线路利用率高，如计算机网络

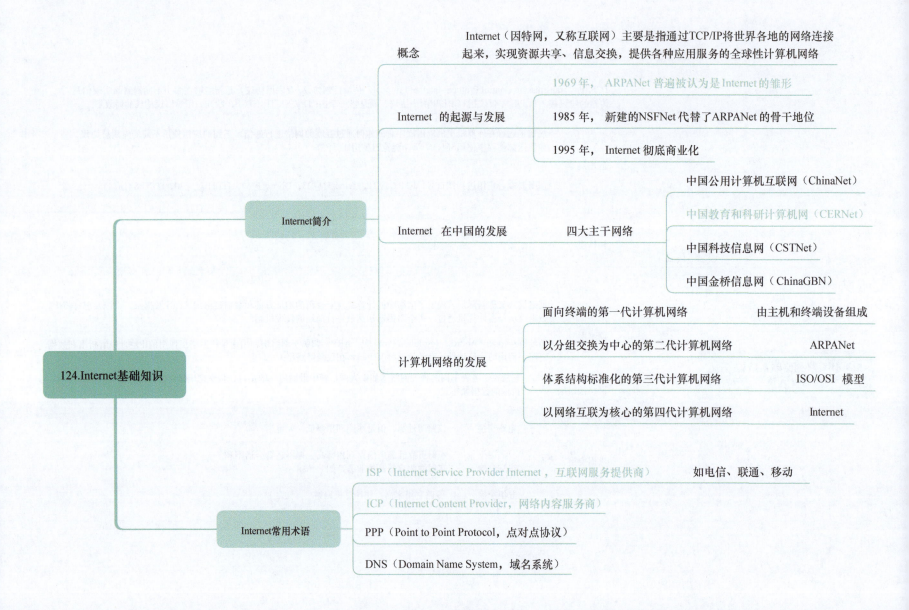

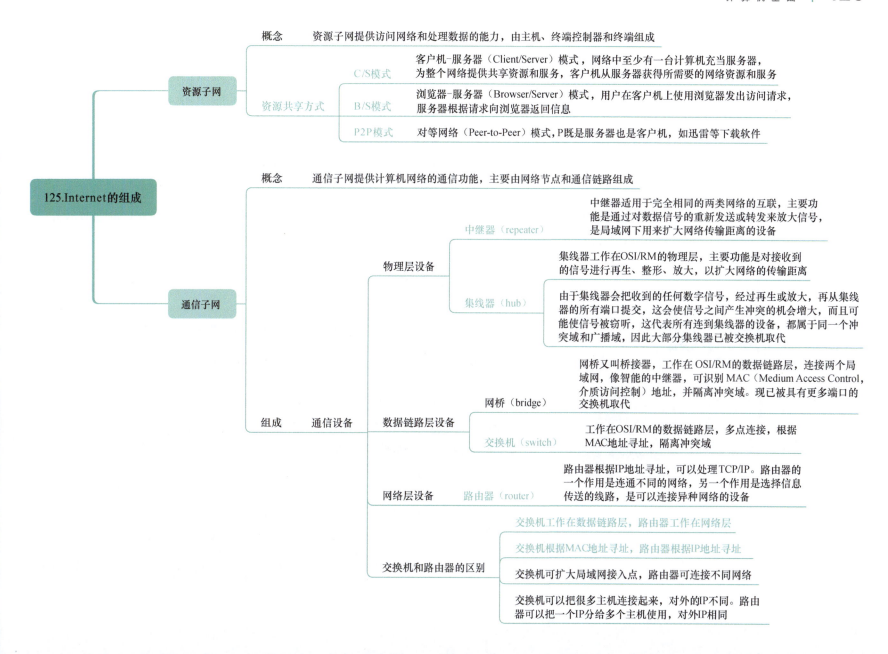

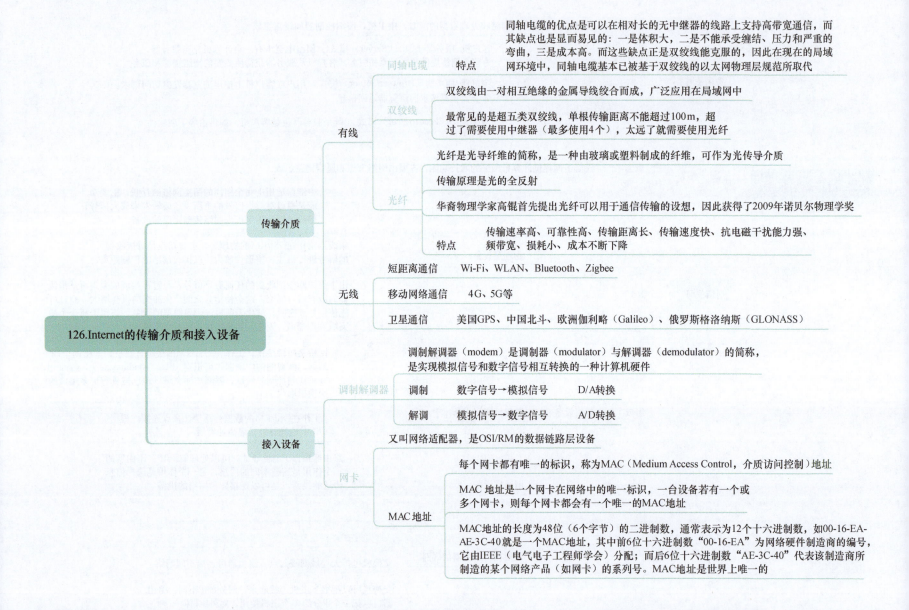

127. 接入 Internet 的常用方式

- **PSTN方式**
  - PSTN（Public Switched Telephone Network，公用电话交换网）技术是利用 PSTN 通过调制解调器拨号实现用户接入的方式，是早期的一种接入方式
  - 计算机→调制解调器→PSTN→ISP接入服务器→Internet
  - 特点：最高速率为56kbit/s，已达到香农定理确定的信道容量极限，但远不能满足宽带多媒体信息的传输需求

- **ADSL方式**
  - ADSL（Asymmetric Digital Subscriber Line，非对称数字用户线）是一种能够通过普通电话线提供宽带数据业务的技术
  - 计算机→ADSL Modem→分离器→PSTN→Internet
  - 特点：利用普通铜制电话线作为传输介质，配上调制解调器，不需要改造信号传输线路
  - 上行速率为640kbit/s~1Mbit/s，下行速率为1~8Mbit/s，有效传输距离是3000~5000km

- **FTTx+LAN方式**
  - 利用光纤+5类线方式实现宽带接入，将局域网作为一个子网接入Internet
  - PC的上网速率可达到100Mbit/s

- **FTTH方式**
  - FTTH（Fiber To The Home，光纤到户）方式是将光网络单元安装在用户家里，通过光调制解调器（也称光猫）实现上网

- **HFC方式**
  - HFC（Hybrib Fiber Coax，混合光纤同轴电缆）方式是一种利用有线电视网接入Internet的技术，带宽共享，不是家庭上网的主要接入方式

- **无线方式**
  - 通过高频天线和ISP相连，距离在10km左右，带宽为2~11Mbit/s，性价比高
  - 技术：蜂窝技术、数字无绳技术、点对点微波技术、卫星技术、蓝牙技术等

- **无线局域网（WLAN）方式**
  - 一种基于无线传输的局域网技术，利用射频技术，用户以无线方式高速接入互联网/企业网

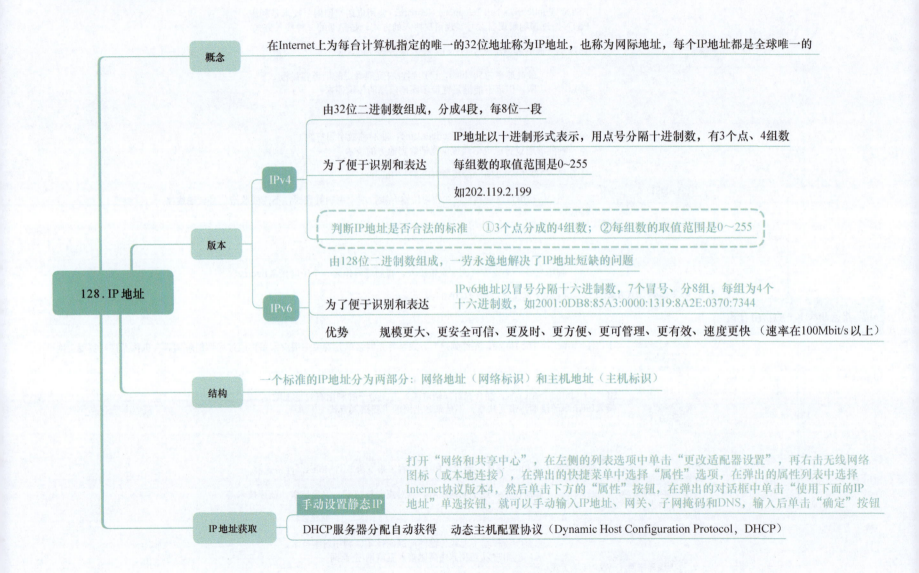

129.IP 地址分类

依据：根据网络规模的大小，分成 A、B、C、D、E 共5类，分类的依据是第一个字节的二进制范围

```
              |←————————— 32位 —————————→|
A类地址  |0| 网络号 |        主机号        |
              |← 8位 →|←——— 24位 ———→|
B类地址  |10| 网络号  |      主机号       |
              |←—— 16位 ——→|←—— 16位 ——→|
C类地址  |110|  网络号    |    主机号     |
              |←——— 24位 ———→|← 8位 →|
D类地址  |1110|        多播地址          |
E类地址  |1111|       保留为今后使用       |
```

基本划分：

类别	IP地址范围	子网掩码	私有地址	保留地址
A类	0.0.0.0～127.255.255.255	255.0.0.0	10.0.0.0～10.255.255.255	127.0.0.0～127.255.255.255
B类	128.0.0.0～191.255.255.255	255.255.0.0	172.16.0.0～172.31.255.255	169.254.0.0～169.254.255.255
C类	192.0.0.0～223.255.255.255	255.255.255.0	192.168.0.0～192.168.255.255	
D类	224.0.0.0～239.255.255.255			
E类	240.0.0.0～255.255.255.255			
特殊地址	0.0.0.0	代表所有不清楚的主机和目的网络		
	255.255.255.255	限制广播地址		
	主机地址全为0	代表对应网段		
	主机地址全为1	代表对应网段的广播地址		

IP地址

如何判断哪些是可分配给用户使用的IP地址？ ①首先必须是合法的IP地址；②特殊地址以及D类、E类保留地址除外

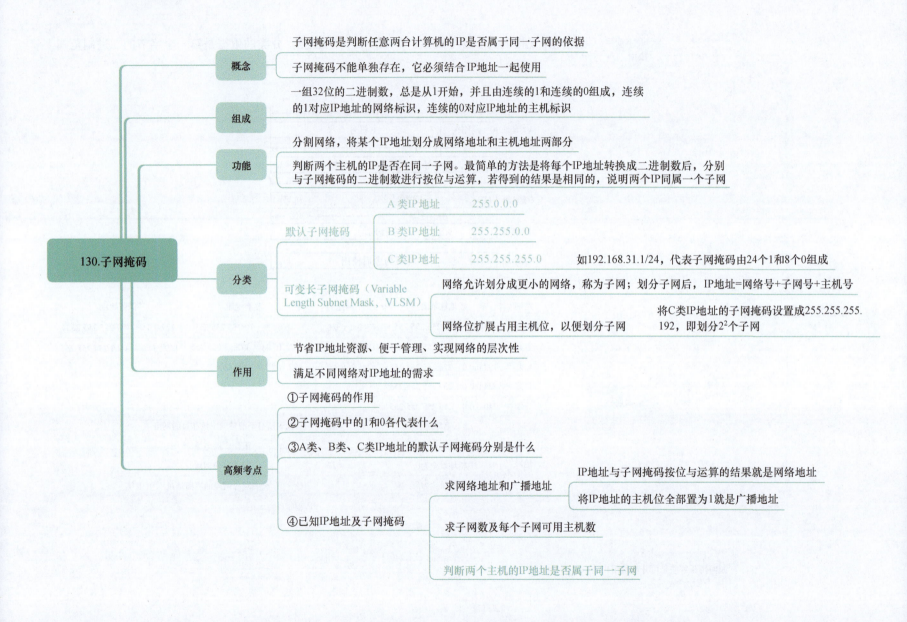

131. 域名

概念
- 域名是指互联网上识别和定位计算机的层次结构式的字符标识，与计算机的IP地址相对应
- IP地址是 Internet 主机在路由寻址时所用的数字型标识，人不容易记忆。因而TCP/IP专门设计了域名这一种字符型主机命名机制，即给每一台主机一个有规律的名字（由字符串组成）

域名结构
- IP地址的助记符，用英文的句号（小数点）分隔，最后一个小数点的右侧是顶级域名（或称为一级域名），从右往左依次是二级域名、三级域名等，每一个域名在全球都是唯一的
- 如域名www.ptpress.com.cn，其中www是主机名
- 主机名.……三级域名.二级域名.顶级域名

顶级域名的分类
- **组织域名（通用顶级域名）**
  - 组织域名是按组织管理的层次结构划分所产生的组织型域名，一般由3个字母组成
  - COM代表商业组织，EDU代表教育机构，GOV代表政府部门，MIL代表国防机构，ORG代表非营利性组织等
- **域名（国家或地区顶级域名）**
  - 按国别或地区的地理区域划分，这类域名是世界各国或地区的名称，并且规定由两个字母组成
  - CN是中国的顶级域名，JP是日本的顶级域名等

域名系统
- 域名系统（Domain Name System，DNS）是互联网的一项服务。它作为将域名和IP地址相互映射的一个分布式数据库，能够使人更方便地访问互联网
- DNS服务器端口号为53，主要用来进行域名解析
- 当前，对于每一级域名长度的限制是63个字符，域名总长度则不能超过255个字符

域名管理机构
- **IANA（Internet Assigned Numbers Authority，互联网编号分配机构）**
  - IANA是Internet域名系统的最高权威机构，掌握着Internet域名系统的设计、维护及地址资源分配等方面的权力。在IANA之下另有3个分支机构，分别负责欧洲、亚太地区、美国与其他地区的IP地址资源的分配与管理
- **中国**
  - 中国互联网络信息中心（CNNIC） —— 管理除EDU以外的其他域名
  - 中国教育和科研计算机网网络中心 —— 管理EDU域名
- 中国互联网域名体系中顶级域名为CN，二级域名共43个，分为9个类别域名（政务、公益、AC、COM、EDU、GOV、NET、ORG、MIL）和34个行政区域名（如BJ、SH、TJ、SC、SD等）

IP地址和域名的关系
- 一个域名只能对应一个IP地址
- 一个IP地址可以对应多个域名
- **IP地址是唯一的，域名也是唯一的，但它们的对应关系不是唯一的**

132. Internet主要服务1

电子邮件服务E-mail

- **格式**：用户名@电子邮件服务器域名，如158852690@qq.com

- **协议**：
  - **SMTP**：简单邮件传输协议（Simple Mail Transfer Protocol，SMTP），用于将电子邮件从客户端传输到服务器，以及从一个服务器传输到另一个服务器。只能传输普通文本，不能传输图像、声音和视频等非文本信息
  - **POP3**：邮局协议第3版（Post Office Protocol Version 3，POP3），用于从邮件服务器接收邮件，下载邮件到本地计算机
  - **MIME**：多用途互联网邮件扩展（Multipurpose Internet Mail Extensions，MIME）支持非ASCII字符文本、非文本格式附件（二进制、声音、图像等）

- 典型C/S模式，常用客户端有 Outlook Express、Foxmail等。另外，也支持浏览器访问B/S模式

- 收件人：158852690@qq.com;leonhou@yeah.net   用分号（;）分隔邮箱地址

文件传输协议（FTP）

- 采用C/S模式实现用户计算机和远程服务器之间的文件传输。FTP允许用户以文件操作的方式（如文件的增加、删减、修改、查询、传送等）与另一台主机相互通信

- **工作原理**：根据FTP，用户从客户端启动FTP程序，与Internet中的FTP服务器建立连接，使用FTP命令，将服务器中的文件传输到本地计算机（下载），在权限允许下，也可将本地计算机文件传送到FTP服务器中（上传）

- **匿名FTP**：普通用户匿名登录，账号名为"anonymous"，默认端口号为21

- **登录FTP方式**：浏览器或资源管理器登录：①打开浏览器，在地址栏中输入"ftp://服务器IP地址"，然后按Enter键；②这时候会出现一个验证界面，需要输入分配的用户名和密码，输入后单击"登录"按钮（如果需要，也可以选择匿名登录）；③进入FTP服务器后，就可以进行文件的上传和下载了

- FTP客户端软件   如FileZilla、FireFTP等

- **SFTP**：安全文件传输协议（Secure File Transfer Protocol，SFTP），默认端口号为22

远程登录（Telnet）

- 用户通过一台计算机的Telnet客户程序，采用命令行的方式登录访问另一台计算机上的Telnet服务器，从而运行另一台计算机上的程序并访问其中的服务

- Telnet协议，默认端口号为23

- 应用案例：SSH（Secure Shell，安全外壳）、TeamViewer、向日葵远程控制软件等

电子公告牌（BBS）

- 天涯论坛、西祠胡同等

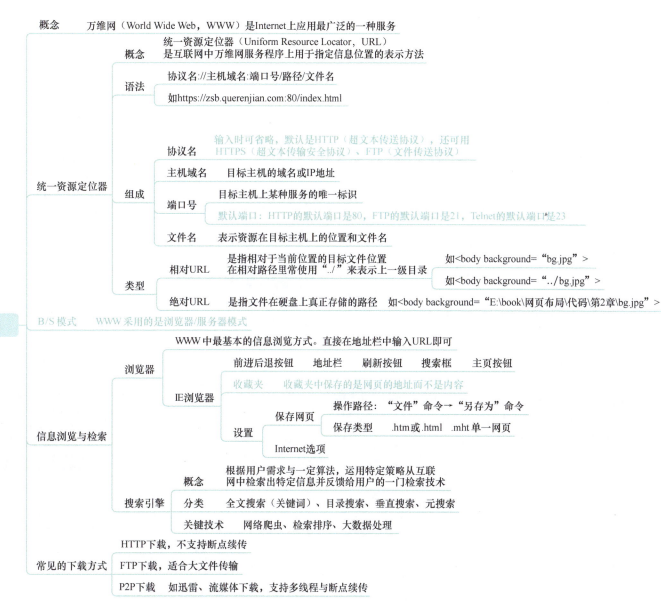

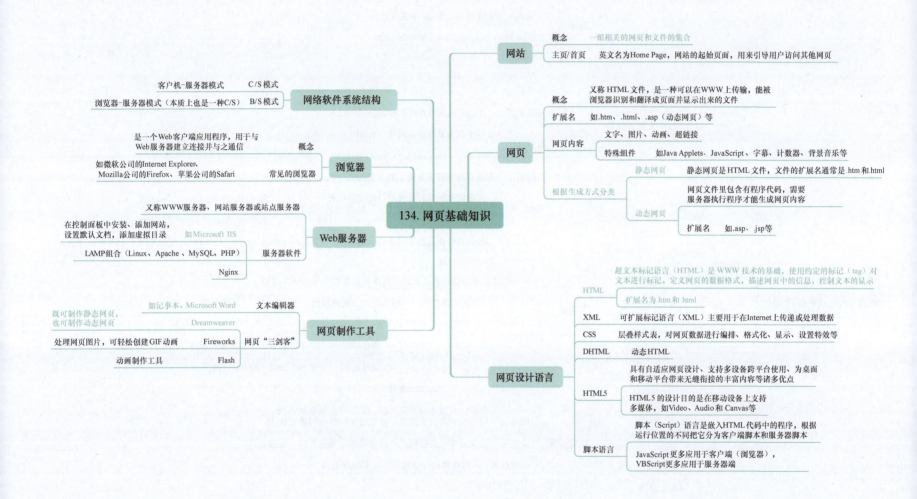

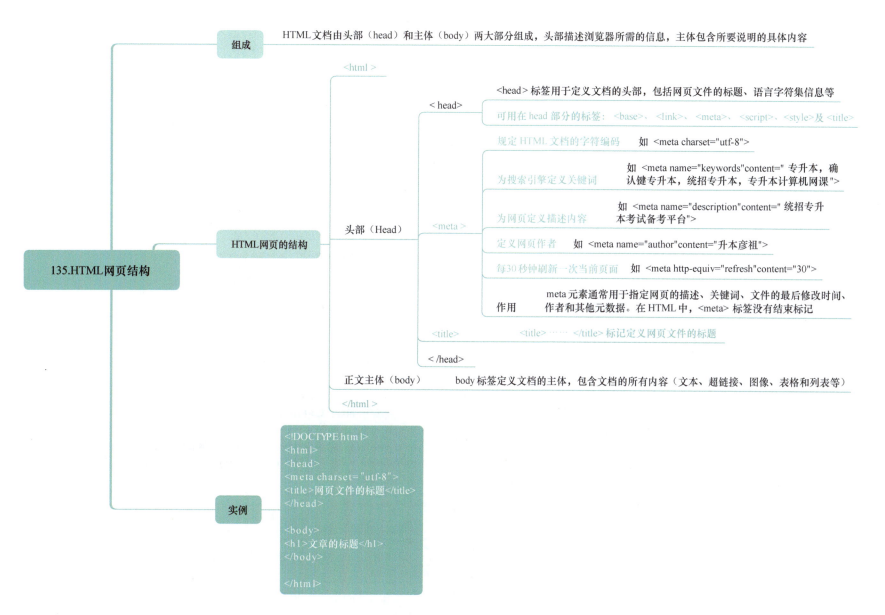

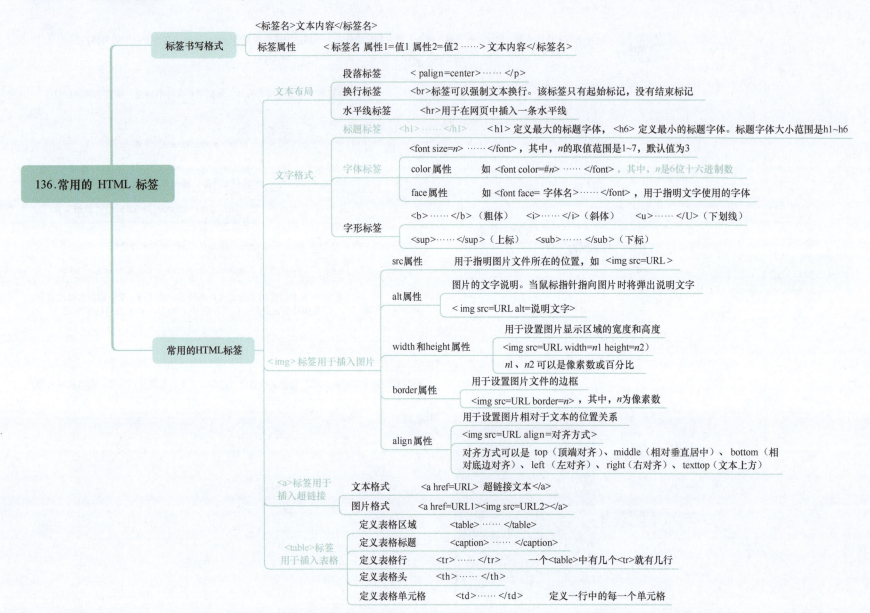

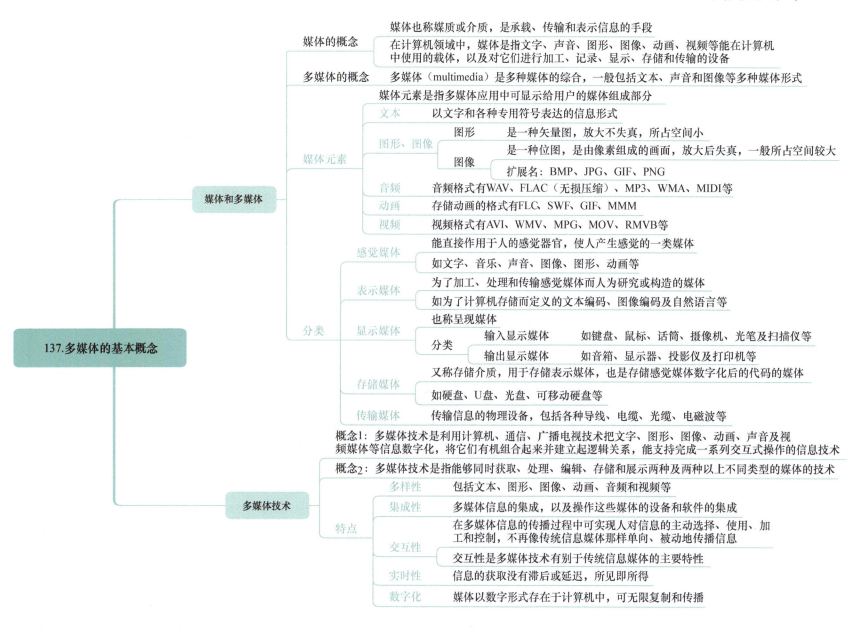

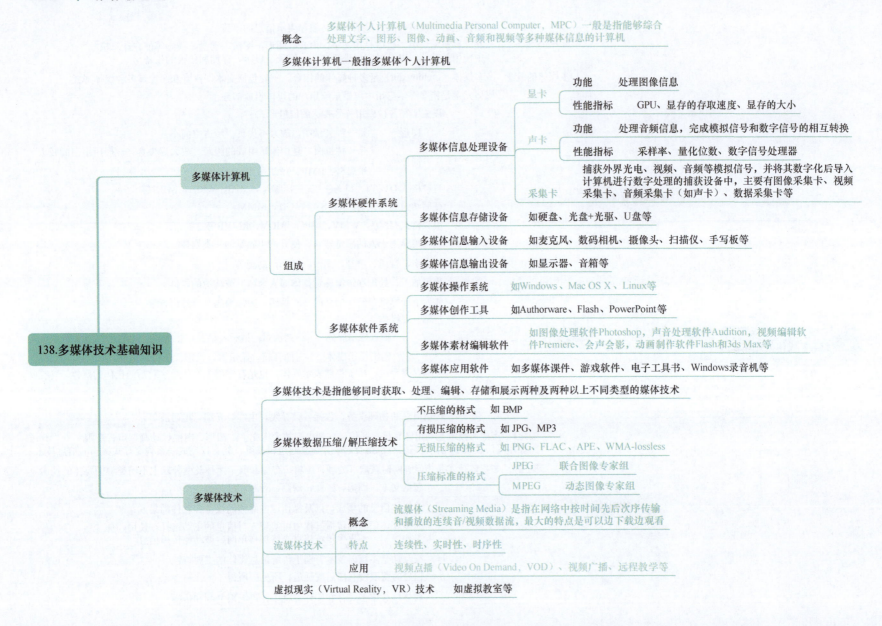

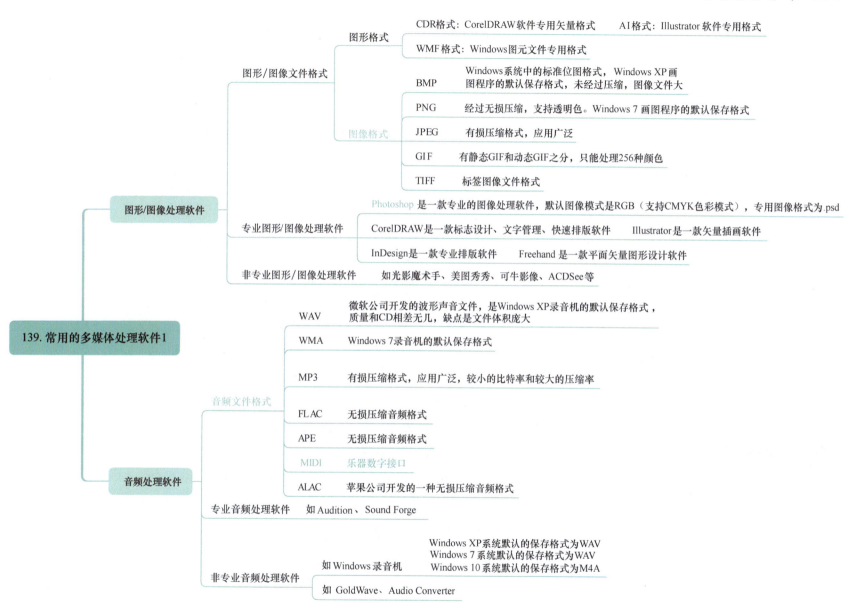

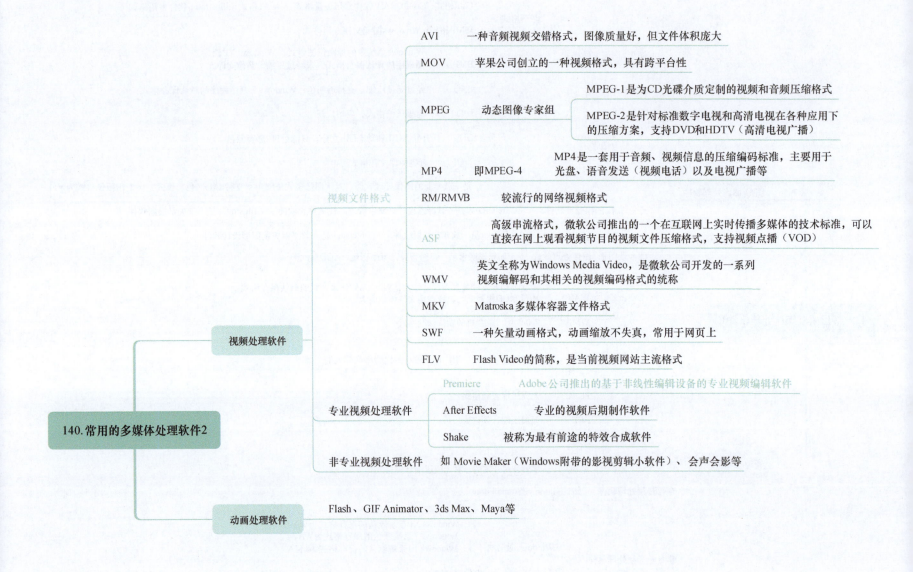

141. 信息安全概述

- **信息安全的概念及特征**
  - 概念：信息安全是指信息网络的硬件、软件及其系统中的数据受到保护，不因偶然的或者恶意的原因而遭到破坏、更改、泄露，系统连续、可靠、正常地运行，信息服务不中断
  - 特征：完整性、可用性、保密性、可靠性

- **信息安全的威胁**
  - 黑客
    - 概念：黑客（hacker）一般指利用计算机网络技术进行破坏的非法入侵者
    - 黑客攻击的手段
      - 密码破解：利用弱密码（数字、生日、手机号等）强行破解
      - 中断：破坏信息的可用性，一般常用的攻击手段有拒绝服务（Denial of Service，DoS）攻击和分布式拒绝服务（Distributed Denial of Service，DDoS）攻击
      - 窃听：又称网络监听或IP嗅探，窃听网络上流经的数据包
      - 计算机显示器产生的电磁辐射，可以被窃听装置接收并显示出来
      - 篡改：篡改信息完整性的一种手段
      - 伪造：又称网络钓鱼。黑客利用具有欺骗性的仿冒信息伪造信息源，例如伪装成网络银行或电子商务网站，诱导用户主动泄露隐私信息
      - 端口扫描：利用端口扫描软件查看该机器哪些端口是开放的
    - 防范措施
      - 身份认证：如密码、指纹、面部识别等安全措施
      - 访问控制：使用防火墙是防范黑客攻击的非常有效的手段
      - 尽量不要暴露自己的IP地址
      - 提高安全意识，如不要随便打开来历不明的邮件
      - 安装杀毒软件并及时更新病毒库
      - 做好数据的备份

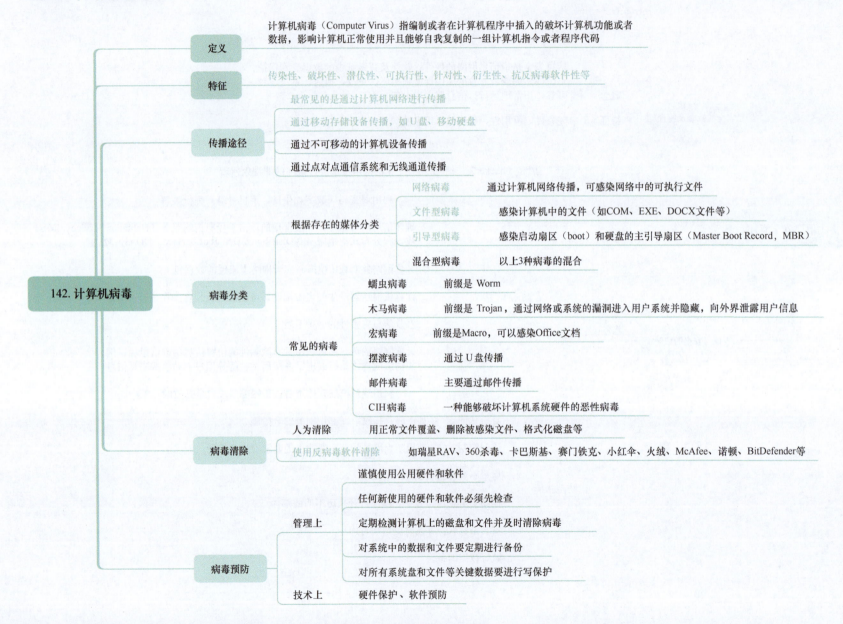

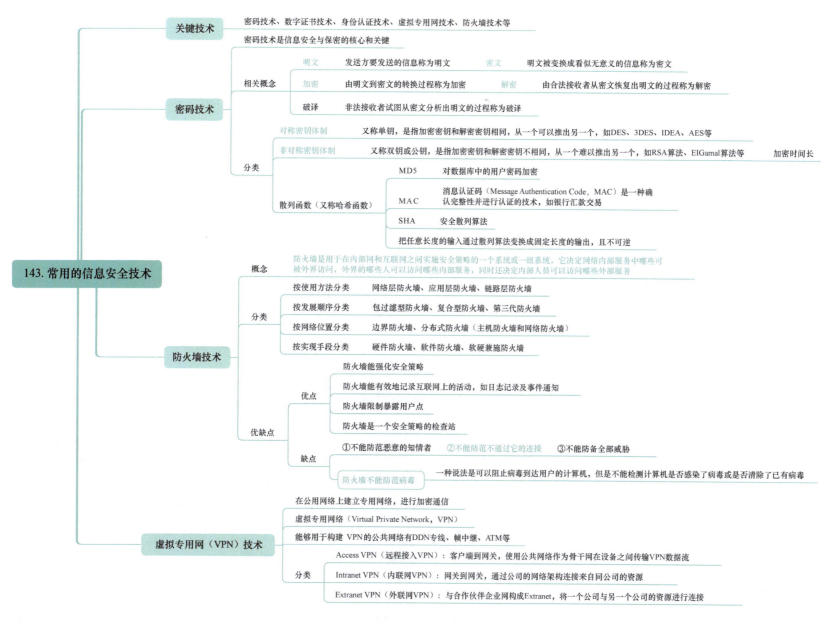

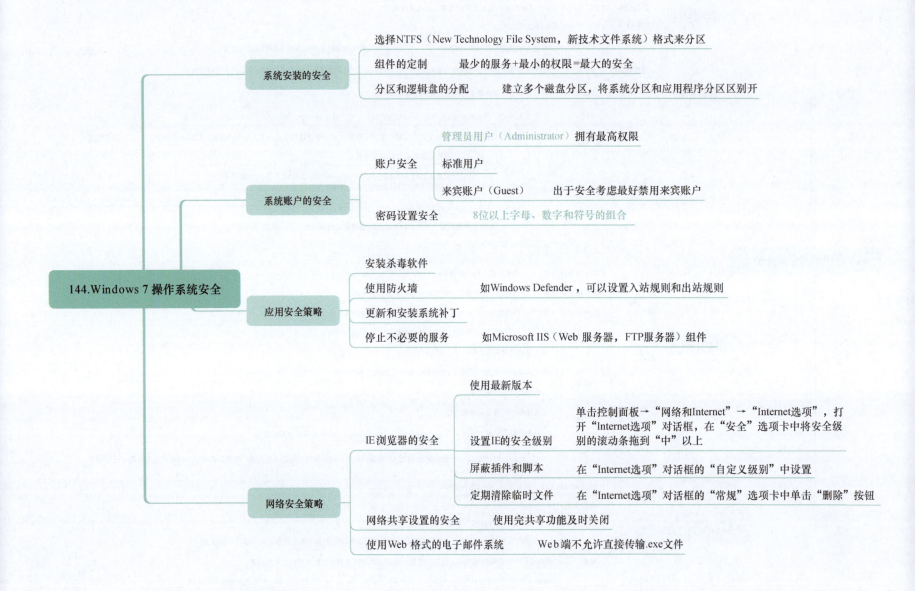

145.电子商务安全

- **电子商务概念**
  - 以电子方式进行的商品和服务的生产、分配、市场营销、销售或交付
  - 包括B2B、B2C、C2C、O2O等类型

- **电子商务的安全性要求**
  - 交易前交易双方身份的认证问题
  - 交易中电子合同的法律效力问题以及完整性、保密性问题
  - 交易后电子记录的证据力问题

- **电子商务安全技术**
  - 加密技术
    - 对称密钥加密：如 DES、3DES、IDEA、RC4、RC5等
    - 非对称密钥加密：如 RSA、PGP、EU等
  - 数字签名：只有信息的发送者才能产生的别人无法伪造的一组数字串，通过数字签名能实现对原始报文的鉴别和不可抵赖性
    - 特点：完整性、身份认证（鉴权）和不可抵赖性
  - 认证中心
    - 认证中心（Certificate Authority，CA）专门提供网络身份认证服务
    - 三大作用
      - 解决网络身份的认证，以保证交易各方的身份是真实的
      - 解决数据传输的安全性，以保证在网络中流动的数据没有受到破坏或篡改
      - 解决交易的不可抵赖性，以保证对方在网上的承诺能够兑现
  - 安全套接层（Secure Socket Layer，SSL）协议：用以保障在互联网上数据传输的安全，在传输层对网络连接进行加密
  - 安全电子交易（Secure Electronic Transaction，SET）协议：专门为电子商务而设计的协议，是一种应用于互联网环境下，以信用卡为基础的安全电子交付协议
  - Internet电子邮件的安全协议：如 PGP、S/MIME 等

- **信息安全政策法规**
  - 1994年，我国颁布了第一个计算机安全法规 《中华人民共和国计算机信息系统安全保护条例》
  - 2017年，《中华人民共和国网络安全法》生效
  - 2018年，《网络安全等级保护条例（征求意见稿）》发布
  - 2021年11月1日，《中华人民共和国个人信息保护法》施行
    - 获取私人信息要取得用户授权
    - 通过自动化决策方式向个人进行信息推送、商业营销，应当同时提供不针对其个人特征的选项，或者向个人提供便捷的拒绝方式

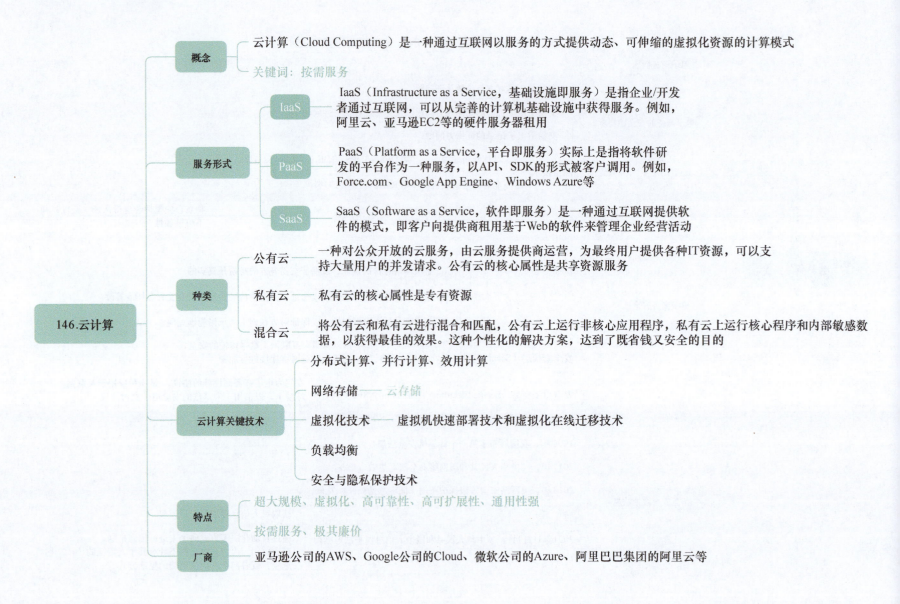

147. 大数据

- **概念**：大数据（Big Data）从字面意义上看是巨量数据的集合，指的是无法在一定时间范围内用常规软件工具进行捕捉、管理和处理的数据集合，是需要新处理模式才能具有更强的决策力、洞察发现力和流程化能力的海量、高增长率和多样化的信息资产

- **大数据思维方式的转变**
  - 全样而非抽样 —— 如Google流感趋势
  - 效率而非精确 —— 如Google翻译等
  - 相关而非因果 —— 如啤酒与尿布、饼干与飓风等
  - 以数据为中心 —— 如基于大数据的Google广告等
  - 我为人人，人人为我 —— 如手机导航、迪士尼手环等

- **"5V"特点**
  - Volume（大量化）：采集、存储和计算的数据量都非常大。大数据的起始计量单位至少是PB（1PB=1024TB）级、EB（1EB=1024PB）级或ZB（1ZB=1024EB）级
  - Velocity（快速化）：数据增长速度快，处理速度也快，时效性要求高。比如搜索引擎要求几分钟前的新闻能够被用户查询到，个性化推荐算法要尽可能实时完成推荐。这是大数据区别于传统数据挖掘的显著特征
  - Variety（多样化）：种类和来源多样化，包括结构化、半结构化和非结构化数据，具体表现为网络日志、音频、视频、图片、地理位置信息等，这对多类型的数据对数据的处理能力提出了更高的要求
  - Value（价值密度低）：数据价值密度相对较低，或者说高价值数据如浪里淘沙般弥足珍贵。随着互联网以及物联网的广泛应用，信息感知无处不在，信息海量，但价值密度较低，如何结合业务逻辑并通过强大的机器算法来挖掘数据价值，是大数据时代需要解决的问题
  - Veracity（真实性）

- **大数据关键技术**
  - 数据采集与预处理，如移动互联网、传感器等
  - 数据存储和管理，如云存储、云计算等
  - 数据处理与分析，如Hadoop等
  - 数据可视化
  - 数据安全和隐私保护

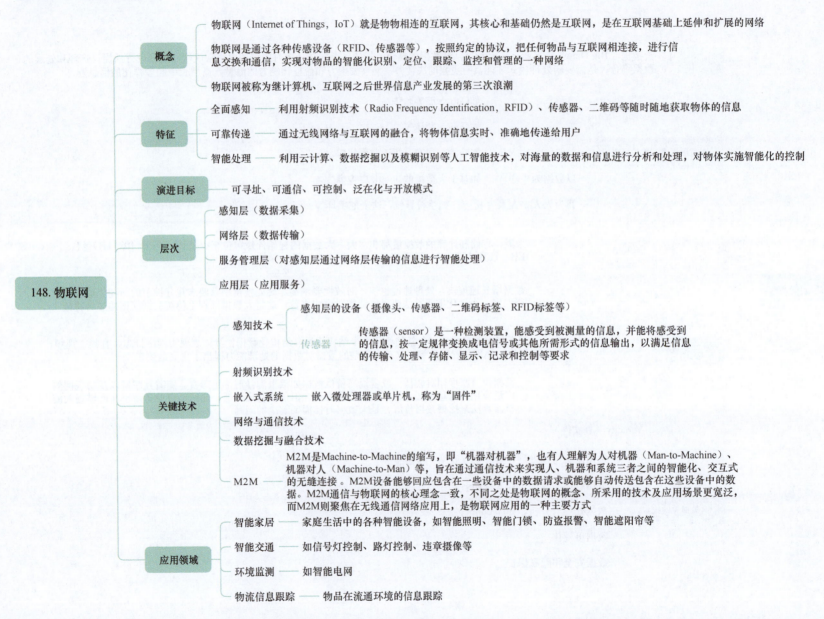

149. 大数据、云计算、物联网的区别与联系

- **区别**：大数据侧重于对海量数据的存储、处理和分析，从海量数据中发现价值，服务于生产和生活；云计算本质上旨在整合和优化各种IT资源，并通过网络以服务的方式提供给用户；物联网的发展目标是实现物物互连，应用创新是物联网发展的核心

- **联系**：从整体上看，大数据、云计算和物联网这三者是相辅相成的。大数据根植于云计算，大数据分析的很多技术都来自云计算，云计算的分布式数据存储和管理系统提供了海量数据的存储和管理能力，分布式并行运算框架MapReduce提供了海量数据分析能力，没有这些云计算技术作为支撑，大数据分析就无从谈起。反之，大数据也为云计算提供了用武之地，没有大数据这个"练兵场"，云计算技术再先进，也不能发挥它的应用价值。来自物联网传感器源源不断的大量数据，是大数据的重要来源，没有物联网的飞速发展，数据产生方式就不会变革，人工生产阶段就不会向自动生产阶段过渡，大数据时代也就不会这么快到来。同时，物联网需要借助云计算和大数据技术，实现物联网大数据的存储、分析和处理。这3种技术相互渗透、相互融合、相互促进、相互影响

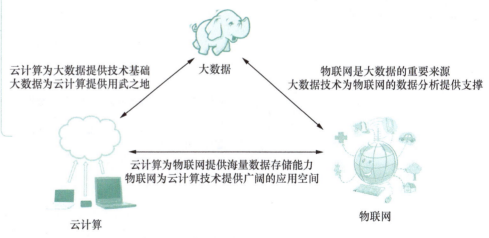

大数据、云计算和物联网之间的关系

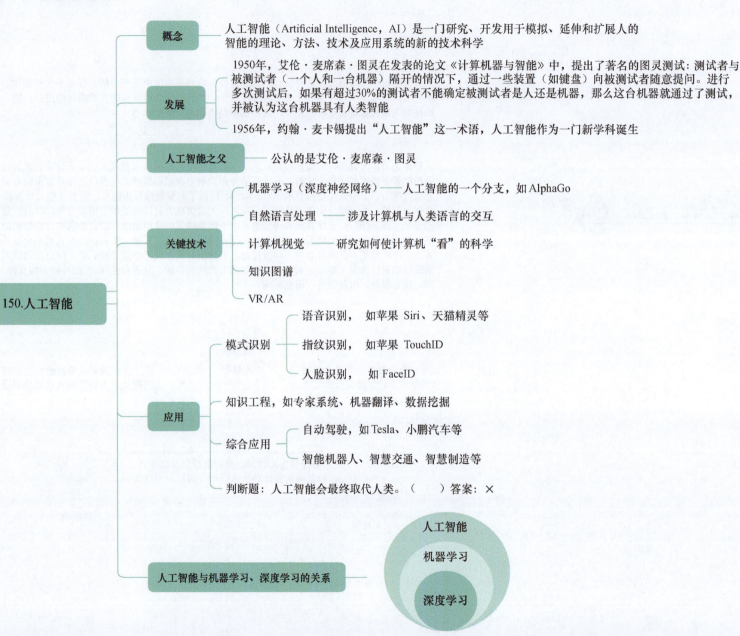

151. 区块链

- **定义** — 区块链本质是一个去中心化的分布式账本数据库系统

- **起源与发展**
  - 区块链 1.0 时代 — 区块链的概念源于比特币，源自中本聪（Satoshi Nakamoto）发表的论文《比特币：一种点对点的电子现金系统》
  - 区块链 2.0 时代 — 以太坊是一个开源的、有智能合约功能的公共区块链平台，可以理解为一种可编程金融
  - 区块链 3.0 时代 — 可编程社会，区块链广泛应用于身份认证、公证、仲裁、审计、签证等领域

- **特点**
  - 去中心化、不可篡改性、可追溯性
  - 全程留痕
  - 集体维护
  - 公开透明

- **核心技术**
  - 分布式账本（Distributed Ledger） — 一种在网络成员之间共享、复制和同步的数据库。分布式账本记录网络参与者之间的交易，如资产或数据的交换。这种共享账本降低了因调解不同账本所产生的时间和开支成本
  - 非对称加密算法 — 如Hash（散列）算法等。应用场景：信息加密、数字签名、登录认证等
  - 共识机制 — 共识指多方参与的节点在预设规则下，通过多个节点交互对某些数据、行为或流程达成一致的过程。共识机制是指定义共识过程的算法、协议和规则，如PoW（Proof of Work，工作量证明）机制等
  - 智能合约（Smart Contract） — 一种旨在以信息化方式传播，验证或执行合同的计算机协议。智能合约允许在没有第三方的情况下进行可信交易，这些交易可追踪且不可逆转。智能合约的概念由计算机及密码科学家尼克·萨博（Nick Szabo）提出
  - P2P网络技术 — 点对点网络（也称为对等网络）

- **类型**
  - 公有链 — 无官方组织及管理机构，节点间基于共识机制开展工作
  - 私有链 — 建立在某个企业内部，系统的运作规则根据企业要求进行设定
  - 联盟链 — 若干机构联合发起，介于公有链和私有链之间

- **区块链解决的核心问题** — 无可信中心机构时，如何在信息不对称、不确定的环境下建立满足活动赖以发生、发展的信任生态体系，有效解决中心化带来的负面问题，从个人信任、制度信任走向机器信任的时代

- **应用领域**
  - 金融领域，如加密货币等
  - 物联网和物流领域
  - 公共服务领域、数字版权领域、保险领域

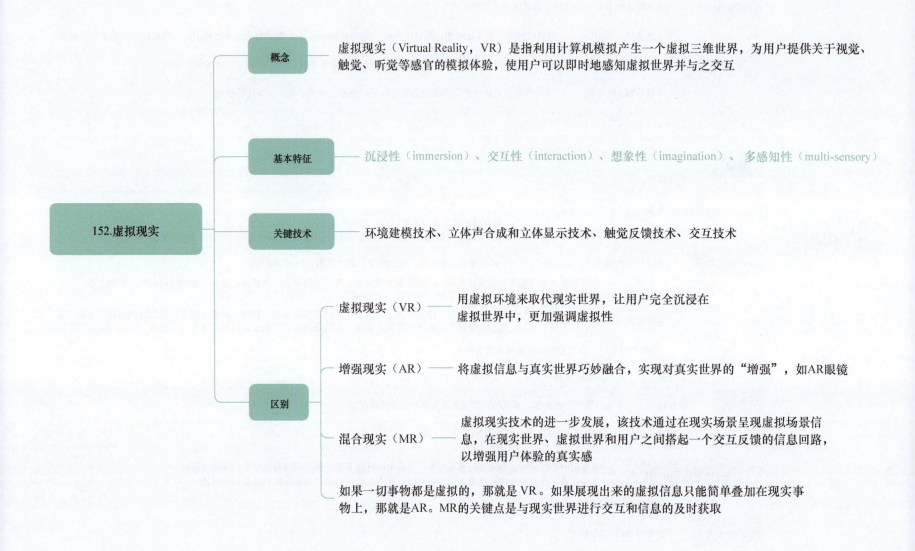

153. 数据库概念及发展

- **数据库的基本概念**
  - 数据
    - 数据是指存储在某一种媒体上能够识别的物理符号
    - 包括两个方面
      - 描述事物特性的数据内容
      - 存储在某一种媒体上的数据形式
  - 数据处理：数据处理是指对各种形式的数据进行收集、存储、加工和传播的一系列活动的总和
  - 数据库：数据库是指长期存放在计算机内的、有组织的、可表现为多种形式的、可共享的数据集合
  - 数据库管理系统
    - 数据库管理系统是对数据库进行管理的系统软件
    - 职能：有效地组织和存储数据、获取和管理数据、接受和满足用户提出的访问数据的各种请求
  - 数据库系统：数据库系统是指拥有数据库技术支持的计算机系统，它可以实现有组织地动态存储大量相关数据，提供数据处理和信息资源共享服务

- **数据管理技术的发展**
  - 人工管理阶段
    - 特点：数据不保存、没有专门的数据管理软件、数据面向应用、只有程序的概念
  - 文件系统阶段
    - 特点
      - 数据可以长期保存在磁盘上
      - 文件系统提供了数据与程序的存取方法
      - 数据冗余量大
      - 文件之间缺乏联系，相对孤立，仍然不能反映客观世界各个事物之间错综复杂的联系
  - 数据库系统阶段
    - 特点：数据结构化、数据共享性好、数据冗余量小、数据独立性好、数据存储粒度小、为用户提供了友好的接口
    - 发展方向：超大容量、占据空间更小
    - 新的分支
      - 数据仓库系统：存储长期数据，向管理层提供决策支持
      - XML数据库
        - 一种支持对XML格式文档进行存储和查询等操作的数据管理系统
        - 可扩展标记语言（Extensible Markup Language，XML）
        - 优点：结构简单、系统负载小、跨平台

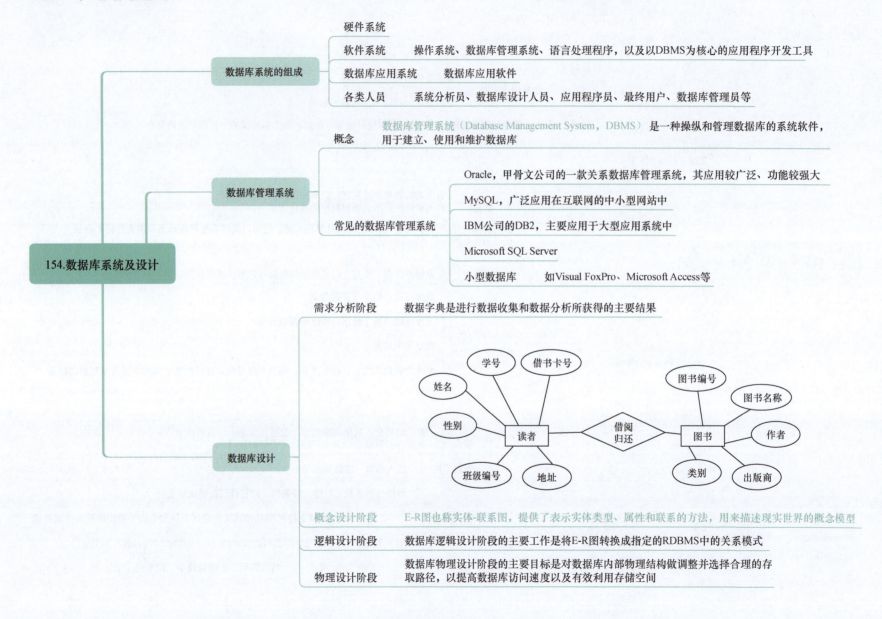

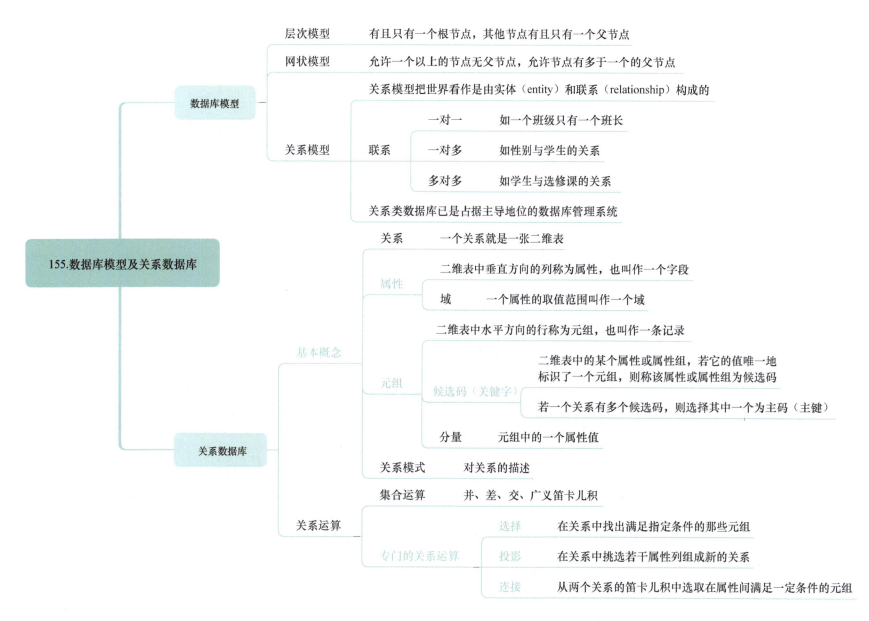

156. 传统的集合运算

前提: 关系 R 和关系 S 具有相同的属性个数

分类:

并 (∪)

R

A	B	C
a1	b1	c1
a1	b2	c2
a2	b2	c1

S

A	B	C
a1	b2	c2
a1	b3	c2
a2	b2	c1

$R \cup S$

A	B	C
a1	b1	c1
a1	b2	c2
a2	b2	c1
a1	b3	c2

$R \cup S = \{t \mid t \in R \lor t \in S\}$

差 (−)

R

A	B	C
a1	b1	c1
a1	b2	c2
a2	b2	c1

S

A	B	C
a1	b2	c2
a1	b3	c2
a2	b2	c1

$R-S$

A	B	C
a1	b1	c1

$R - S = \{t \mid t \in R \land t \notin S\}$

交 (∩)

R

A	B	C
a1	b1	c1
a1	b2	c2
a2	b2	c1

S

A	B	C
a1	b2	c2
a1	b3	c2
a2	b2	c1

$R \cap S$

A	B	C
a1	b2	c2
a2	b2	c1

$R \cap S = \{t \mid t \in R \land t \in S\}$

笛卡儿积 (×)

R

A	B	C
a1	b1	c1
a1	b2	c2
a2	b2	c1

S

A	B	C
a1	b2	c2
a1	b3	c2
a2	b2	c1

$R \times S$

R.A	R.B	R.C	S.A	S.B	S.C
a1	b1	c1	a1	b2	c2
a1	b1	c1	a1	b3	c2
a1	b1	c1	a2	b2	c1
a1	b2	c2	a1	b2	c2
a1	b2	c2	a1	b3	c2
a1	b2	c2	a2	b2	c1
a2	b2	c1	a1	b2	c2
a2	b2	c1	a1	b3	c2
a2	b2	c1	a2	b2	c1

$R \times S = \{\widehat{t_r t_s} \mid t_r \in R \land t_s \in S\}$

157. 常考的关系运算

选择(σ)
在关系中找出满足给定条件的那些元组（行）

$\sigma_F(R)=\{t|t\in R \wedge F(t)=\text{'真'}\}$
F: 选择条件，是一个逻辑表达式

R		
A	B	C
a	a	10
a	d	-4
f	b	5

选择B值为a或b的元组

A	B	C
a	a	10
f	b	5

投影(π)
在关系中挑选若干属性列组成新的关系

$\pi_A(R)=\{t[A]|t\in R\}$ A: R中的属性列

S		
姓名	性别	年龄
张三	男	17
李四	男	19
赵五	女	18

查询所有学生的姓名和年龄

姓名	年龄
张三	17
李四	19
赵五	18

连接($\bowtie$)
从两个关系的笛卡儿积中选取属性间满足一定条件的元组

(a) 非等值连接 $R\bowtie S$, $C<E$

A	R.B	C	S.B	E
a1	b1	5	b2	7
a1	b1	5	b3	10
a1	b2	6	b2	7
a1	b2	6	b3	10
a2	b3	8	b3	10

(b) 等值连接

A	R.B	C	S.B	E
a1	b1	5	b1	3
a1	b2	6	b2	7
a2	b3	8	b3	2

(c) 自然连接

R:
A	B	C
a1	b1	5
a1	b2	6
a2	b3	8
a2	b4	12

S:
B	E
b1	3
b2	7
b3	10
b3	2
b5	2

A	B	C	E
a1	b1	5	3
a1	b2	6	7
a2	b3	8	10
a2	b3	8	2

- 条件连接：选取满足条件的元组组成新关系
- 等值连接：选取满足等值条件的元组组成新关系
- 自然连接：也是等值连接，只不过它是选取满足公共属性、满足等值的元组组成新关系，并且在结果中把重复的属性列去掉
- 外连接：自然连接后将不满足条件而舍弃的元组也保留到新关系，其他属性值置为NULL

除($\div$)
除法运算可理解为笛卡儿积的逆运算

R:
A	B	C
a1	b1	c2
a2	b3	c7
a3	b4	c6
a1	b2	c3
a4	b6	c6
a2	b2	c3
a1	b2	c1

S:
B	C	D
b1	c2	d1
b2	c1	d1
b2	c3	d2

R÷S:
A
a1

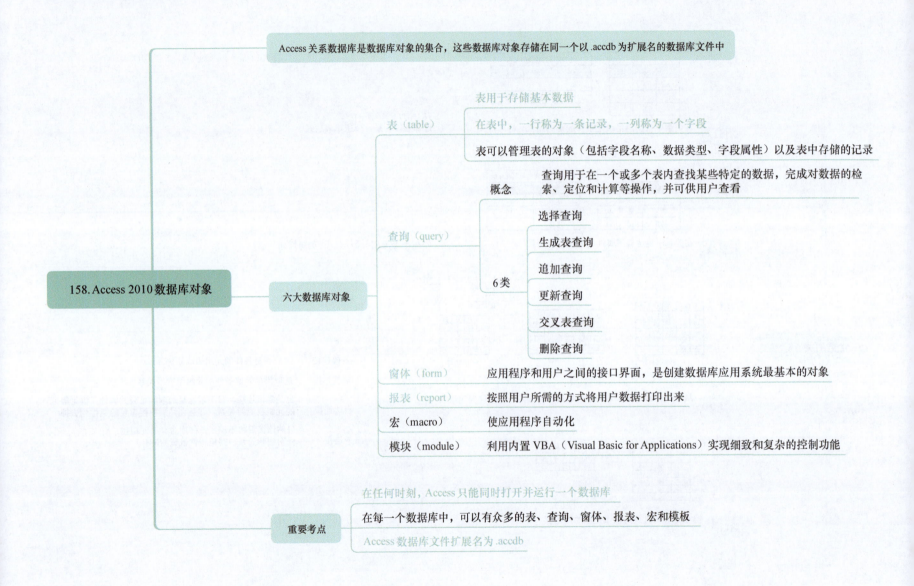

159. Access 2010数据库基本操作

- **创建数据库和表**
  - 创建数据库
    - 方法1：直接创建数据库　　操作：单击"文件"命令→"新建"命令→"空数据库"按钮
    - 方法2：打开数据库　　操作：单击"文件"命令→"打开"命令
    - 方法3：使用模板创建数据库
    - 注意：如果有已经打开的数据库，必须先关闭才能新建数据库
  - 创建表
    - 在数据表视图中创建表　　单击"创建"选项卡→"表格"组→"表"按钮
      - 可以添加字段
      - 可以添加内容
    - 在设计视图中创建表　　单击"创建"选项卡→"表格"组→"表设计"按钮　　可以设置"字段名称""数据类型"
  - 设置字段属性
    - 概念
      - 在设计视图中，可以设置"字段属性"
      - 每一个字段的可用属性取决于为该字段选择的数据类型
    - 设置属性
      - 数据类型　　文本、备注、数字、日期/时间、货币、自动编号、是/否、OLE对象、超链接、附件、计算、查阅向导
      - 数据格式
      - 改变字段大小　　可修改"数字"与"文本"类型的字段大小
      - 输入掩码　　设置字段、文本框，以及组合框中的数据格式，并可对数值类型进行控制
      - 设置"有效性规则"和"有效性文本"
      - 设定表的主键
      - "标题"属性
      - "必需"属性
  - 建立和编辑表关系
    - 建立表关系之前，应关闭所有要建立关系的表
    - 操作：在"数据库工具"选项卡的"关系"组中单击"关系"按钮，弹出"显示表"对话框
- **创建窗体**
  - 概念　　窗体是一个数据库对象，可用于为数据库应用程序创建用户界面
  - 窗体类型　　单页窗体、多页窗体、连续窗体、弹出式窗体、主/子窗体、图表窗体
  - 窗体视图　　设计视图、窗体视图、布局视图、数据表视图、数据透视表视图、数据透视图视图
  - 创建窗体的方法　　自动创建窗体、利用窗体向导创建、使用设计视图创建

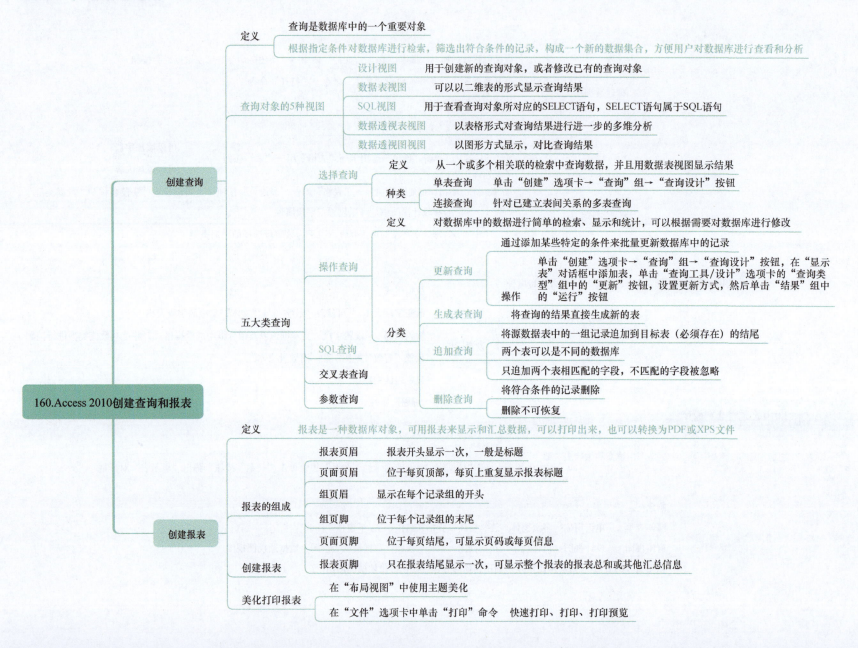

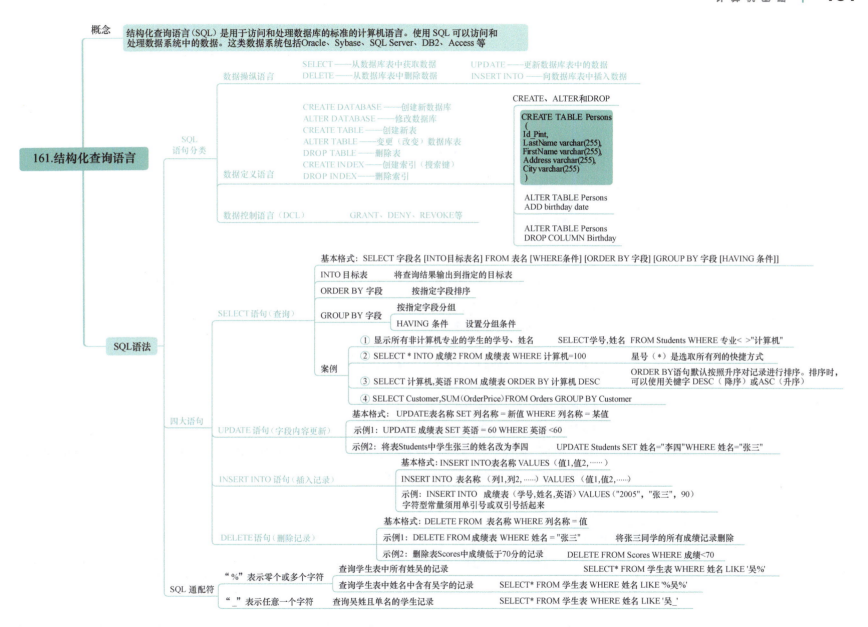

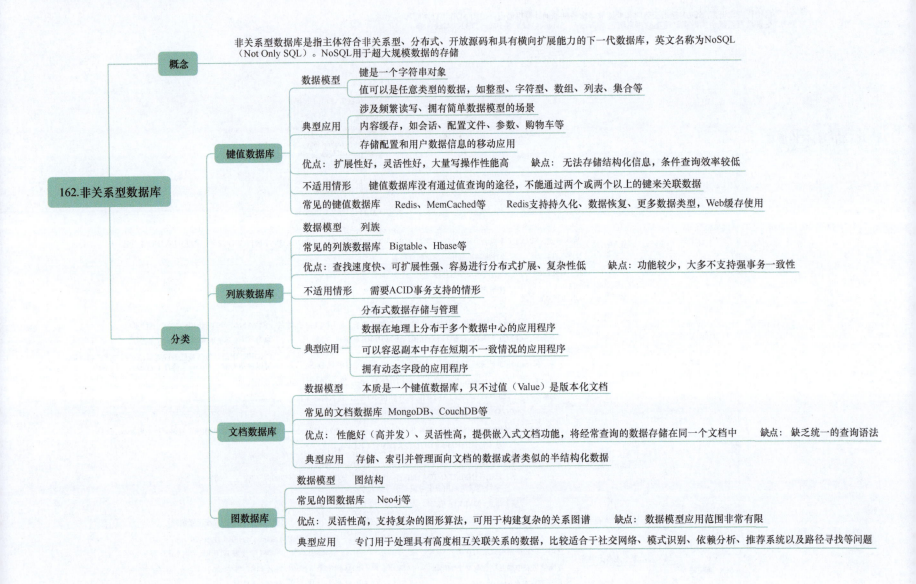

附录1 标准 ASCII 码表

高四位 → 低四位 ↓	ASCII控制字符 0000 (0)						ASCII控制字符 0001 (1)						ASCII打印字符 0010 (2)		0011 (3)		0100 (4)		0101 (5)		0110 (6)		0111 (7)	
	十进制	字符	Ctrl	代码	转义字符	字符解释	十进制	字符	Ctrl	代码	转义字符	字符解释	十进制	字符	十进制	字符	十进制	字符	十进制	字符	十进制	字符	十进制	字符	Ctrl
0000 0	0		^@	NUL	\0	空字符	16	►	^P	DLE		数据链路转义	32		48	0	64	@	80	P	96	`	112	p
0001 1	1	☺	^A	SOH		标题开始	17	◄	^Q	DC1		设备控制1	33	!	49	1	65	A	81	Q	97	a	113	q
0010 2	2	☻	^B	STX		正文开始	18	↕	^R	DC2		设备控制2	34	"	50	2	66	B	82	R	98	b	114	r
0011 3	3	♥	^C	ETX		正文结束	19	‼	^S	DC3		设备控制3	35	#	51	3	67	C	83	S	99	c	115	s
0100 4	4	♦	^D	EOT		传输结束	20	¶	^T	DC4		设备控制4	36	$	52	4	68	D	84	T	100	d	116	t
0101 5	5	♣	^E	ENQ		查询	21	§	^U	NAK		否定应答	37	%	53	5	69	E	85	U	101	e	117	u
0110 6	6	♠	^F	ACK		肯定应答	22	▬	^V	SYN		同步空闲	38	&	54	6	70	F	86	V	102	f	118	v
0111 7	7	•	^G	BEL	\a	响铃	23	↨	^W	ETB		传输块结束	39	'	55	7	71	G	87	W	103	g	119	w
1000 8	8	◘	^H	BS	\b	退格	24	↑	^X	CAN		取消	40	(	56	8	72	H	88	X	104	h	120	x
1001 9	9	○	^I	HT	\t	横向制表	25	↓	^Y	EM		介质结束	41	)	57	9	73	I	89	Y	105	i	121	y
1010 A	10	◎	^J	LF	\n	换行	26	→	^Z	SUB		替代	42	*	58	:	74	J	90	Z	106	j	122	z
1011 B	11	♂	^K	VT	\v	纵向制表	27	←	^[	ESC	\e	溢出	43	+	59	;	75	K	91	[	107	k	123	{
1100 C	12	♀	^L	FF	\f	换页	28	∟	^\	FS		文件分隔符	44	,	60	<	76	L	92	\	108	l	124	|
1101 D	13	♪	^M	CR	\r	回车	29	↔	^]	GS		组分隔符	45	-	61	=	77	M	93	]	109	m	125	}
1110 E	14	♫	^N	SO		移出	30	▲	^^	RS		记录分隔符	46	.	62	>	78	N	94	^	110	n	126	~
1111 F	15	☼	^O	SI		移入	31	▼	^_	US		单元分隔符	47	/	63	?	79	O	95	_	111	o	127	⌂	^Backspace 代码: DEL

注：表中的ASCII字符可以用 Alt 键+小键盘上的数字键的方法输入。

附录 2　常考的 Windows 7 快捷键

快捷键	功能说明	快捷键	功能说明
F1	查看帮助信息	Ctrl+V	粘贴
F2	对选择的文件或文件夹重命名	Ctrl+Z	撤销
F5	刷新活动窗口；在 PowerPoint 中是从首页放映	Ctrl+S	保存
Alt+F4	退出应用程序	Ctrl+A	全选
Ctrl+F4	关闭文档窗口，不退出程序窗口	Ctrl	配合鼠标实现不连续的选择
Ctrl+W	关闭资源管理器；关闭文档窗口，不退出程序窗口	Windows+E	打开资源管理器
Ctrl+Esc	显示或关闭"开始"菜单	Windows+M	最小化当前活动窗口
Windows		Windows+D	返回桌面
Alt+Tab	在已打开的窗口间切换，包括最小化的窗口	Windows+R	打开"运行"对话框
Alt+Esc	在已打开的窗口间切换，不包括最小化的窗口	中文输入法状态下	
Windows+Tab	三维桌面切换	Shift+^	输入省略号
Ctrl+Tab	在同一个应用程序内不同的文档窗口间切换	Ctrl+.	中/英文标点切换
Alt+Space	打开 Windows 窗口的控制菜单	Ctrl+Space	中英文输入法切换
Ctrl+X	剪切	Ctrl+Shift	输入法切换（包括英文输入法）
Ctrl+C	复制	Shift+Space	全/半角切换

附录 3　常考的 Word 2010 快捷键

快捷键	功能说明	快捷键	功能说明
文档操作快捷键		文档编辑快捷键	
Ctrl+N	新建文档，默认名称为"文档1"	Ctrl+Z	撤销
Ctrl+O	打开文档，弹出"打开"对话框	Ctrl+Y	重复
Ctrl+F12		Insert	在"插入"和"改写"状态之间切换
Ctrl+S	保存文档		
F12	另存为，弹出"另存为"对话框	Backspace	① 删除光标左侧的字符； ② 删除选中的字符； ③ 选中表格后可删除表格和表格中的内容
Ctrl+P	打印文档		
Alt+F4	退出Word 2010（关闭Word 2010应用程序）		
Ctrl+W	关闭Word 2010 文档，不退出Word 2010 应用程序	Delete	① 删除光标右侧的字符； ② 删除段落标记符，删除后，后面的段落和当前段落合并为一个段落，后面的段落格式保持和当前段落的一致，字符格式保持原来各自的字符格式； ③ 选中整个表格后，按Delete键删除表格中的内容，表格本身不能被删除
Ctrl+F4			
Ctrl+F6	多个不同的文档窗口间切换		
Ctrl+Alt+P	切换到页面视图		
Ctrl+Alt+O	切换到大纲视图		
Ctrl+Alt+N	切换到草稿视图		
文档编辑快捷键			
Ctrl+C	复制	Ctrl+F	弹出导航窗格，从中可以查找内容
Ctrl+X	剪切	Ctrl+H	弹出"查找和替换"对话框，实现查找功能
Ctrl+V	粘贴	Ctrl+G	弹出"查找和替换"对话框，实现定位功能
Ctrl+Shift+C	"格式刷"的复制格式功能	F5	
Ctrl+Shift+V	"格式刷"的粘贴格式功能	Ctrl+Shift+G	弹出"字数统计"对话框
		Ctrl+Alt+F	插入脚注

续表

快捷键	功能说明	快捷键	功能说明
文档编辑快捷键		插入特殊字符快捷键	
Ctrl+Alt+M	插入批注	Shift+Enter	插入换行符（软回车）
Ctrl+Alt+D	插入尾注	Ctrl+Enter	插入人工分页符（人工分页符可以手动删除）
Ctrl+K	选中对象，按快捷键Ctrl+K可给对象插入超链接	Ctrl+Alt+C	插入版权符号"©"
字符编辑快捷键		Ctrl+Alt+R	插入注册商标符号"®"
Home	将光标置于行首	Ctrl+Alt+T	插入商标符号"™"
End	将光标置于行尾	Ctrl+Alt+.	插入"…"
Ctrl+Home	将光标置于文档开始位置	Shift+6 或 Shift+^	中文输入法状态下插入省略号
Ctrl+End	将光标置于文档末尾位置	功能键	
Ctrl+A	选中文档的全部内容	F1	弹出"Word 帮助"对话框
字符格式化快捷键		F4	重复
Ctrl+B	将被选中的字体加粗	F5	弹出"查找和替换"对话框，实现定位功能
Ctrl+I	将被选中的字体倾斜	F7	拼写和语法检查
Ctrl+U	为字符添加下划线	F9	更新域
插入特殊字符快捷键		F10	激活功能区和选项卡的键盘操作提示，从而可用键盘实现各种操作
Enter	插入段落标记符（硬回车）	F12	弹出"另存为"对话框

附录 4　IP 地址分类

类别		IP 地址范围	字网掩码	私有地址	保留地址
A 类		0.0.0.0~127.255.255.255	255.0.0.0	10.0.0.0~10.255.255.255	127.0.0.0~127.255.255.255
B 类		128.0.0.0~191.255.255.255	255.255.0.0	172.16.0.0~172.31.255.255	169.254.0.0~169.254.255.255
C 类		192.0.0.0~223.255.255.255	255.255.255.0	192.168.0.0~192.168.255.255	
D 类		224.0.0.0~239.255.255.255			
E 类		240.0.0.0~255.255.255.255			
特殊地址	0.0.0.0		代表所有不清楚的主机和目的网络		
	255.255.255.255		限制广播地址		
	主机地址全 0		代表对应网段的网络地址		
	主机地址全 1		代表对应网段的广播地址		

附录 5　TCP/IP 协议模型对应的各层协议

TCP/IP协议模型	各层对应协议							
应用层	Telnet	FTP	HTTP	SMTP	DNS	RIP	SNMP	NFS
传输层	TCP				UDP			
网络层（网际层）	IP		ICMP		IGMP		ARP	
网络接口层	Ethernet		Token Ring		Fame Relay		ATM	